Heinz-Lothar Barth

Die Erbsünde

Traditionelle und moderne Lehre

Heinz-Lothar Barth

Die Erbsünde

Traditionelle und moderne Lehre

EDITIONES · SCHOLASTICAE

Bibliographic information published by Deutsche Nationalbibliothek
The Deutsche Nationalbibliothek lists this publication in the Deutsche Nationalbibliographie; detailed bibliographic data is available in the Internet at http://dnb.ddb.de

53819 Neunkirchen-Seelscheid
www.editiones-scholasticae.de

ISBN 978-3-86838-250-1

2022

Printed on acid-free paper

Printed in Germany

Inhalt

Die Erbsünde:

Traditionelle und moderne Lehre[1]

„Zu tief ist die Lehre von der Erbsünde in den Stoff des christlichen Glaubens verwoben, als daß sie sich ohne Schaden für das Ganze herauslösen ließe." So argumentierte zu Recht Christoph Kardinal Schönborn in einem lesenswerten Aufsatz.[2] In vielfacher Weise wird heute die katholische Lehre von der Erbsünde auch innerhalb der Kirche angegriffen. Dies kann bis zu ihrer völligen Leugnung reichen.[3] Zumindest begegnet man mannigfachen Versuchen, das Dogma dem modernen Denken irgendwie gefälliger zu machen, wobei die wahre Lehre nicht selten bis zur Unkenntlichkeit entstellt wird. Solchen Versuchen wollen wir hier nicht nachgehen, der Leser kann manche von ihnen z. B. in folgendem Buch nachlesen: Helmut Hoping/Michael Schulz, Unheilvolles Erbe? Zur Theologie der Erbsünde, Freiburg/B. 2009.[4]

---

[1] Erstveröffentlichung in: CIVITAS 10/2010, 37-108.

[2] Die kirchliche Erbsündenlehre im Umriß, in: ds. – Albert Görres – Robert Spaemann, Zur kirchlichen Erbsündenlehre – Stellungnahmen zu einer brennenden Frage, ²Freiburg 1994, 69-102, Zitat 81

[3] So behauptet man z.B., die Lehre von der Erbsünde, die zweifellos durch St. Augustinus stark gefördert, aber keineswegs von ihm „erfunden" wurde, gehe auf ein Mißverständnis des griechischen Urtextes von Röm 5,12 in der lateinischen Übersetzung zurück. Michael Schulz hat noch vor kurzem darauf hingewiesen, daß der ganze Kontext der Paulusstelle die traditionelle Lehre stützt, selbst wenn man der in der Neuzeit vor allem auf Erasmus von Rotterdam zurückgehenden philologischen Kritik zustimmen sollte (Michael Schulz, Erlösung wovon? Christsein wozu? Augsburg 2009, 88 87-89). Übrigens verteidigt der ehemalige Bonner Dogmatiker zu Recht auch die besonders von Anselm von Canterbury geförderte Satisfaktionslehre zur Erklärung des Erlösungsopfers Jesu Christi (141-143), was heute geradezu der „theological correctness" widerspricht. Hervorragende philologische und theologische Überlegungen zu Röm 5,12 und seinem Umfeld findet man in: Johannes Brinktrine, Die Lehre von der Schöpfung, Paderborn 1956, 318-322. Dieses fast als klassisch zu bezeichnende Buch trägt auch sehr sorgfältig die Schriftstellen aus AT und NT, die kirchliche Tradition und die lehramtlichen Entscheidungen zur Erbsündenlehre zusammen.

[4] Auch der schon in der vorletzten Anmerkung genannt Sammelband bietet einen informativen Beitrag zu den verschiedenen Formen der Verfälschung in der Erbsündenlehre: Robert Spaemann, Über einige Schwierigkeiten mit der Erbsündenlehre, 37-66.

Uns geht es im folgenden um etwas anderes: Welche Veränderungen hat man an der Erbsündenlehre auf dem II. Vatikanum und unter den Päpsten der konziliaren Ära mit Blick auf den Ökumenismus und die interreligiösen Aktivitäten vorgenommen? Ist die christliche Taufe, durch welche die Erbsünde im Sinne der Gottesferne getilgt[5] und ein gottgefälliges Leben in der Kirche ermöglicht wird, für den Menschen noch absolut heilsnotwendig? Oder befinden sich mehr oder minder alle Menschen im Heil, weil sie unterschiedslos von Gott begnadet sind und eine Mitwirkung mit dieser Gnade letztlich nicht mehr erforderlich erscheint?

Johannes Paul II. verkündete auch die traditionelle Erbsündenlehre

Wenn wir im folgenden Aspekte der Erbsündenlehre aus dem konziliaren und nachkonziliaren Lehramt anführen, die nicht oder zumindest nur schwer mit der traditionellen katholischen Lehre zu vereinbaren sind, so wollen wir nicht verschweigen, daß es auch andere Dokumente gibt, die durchaus korrekt dem überlieferten Dogma gerecht werden.
So griff Papst Johannes Paul II. durchaus auch auf die klassische Erbsündenlehre zurück: Bei einer Audienz für die Mitarbeiter der römischen Rota aus Anlaß des neuen Gerichtsjahres mahnte er Anfang 1995 zu einem behutsamen Umgang mit psychologischen Gutachten bei Ehe-Nichtigkeitsverfahren. Zugrundeliegen müsse in jedem Fall ein christliches Menschenbild: Wenn man übersehe, daß der Mensch eine "verwundete, zum Bösen geneigte Natur hat", könne das zu schlimmen Irrtümern führen.[6] Immerhin würde sich diese Aussage auch mit der in der Nouvelle Théologie entwickelten Konzeption vertragen, nach der das Böse unter den Menschen zwar eine Realität ist, aber nicht auf eine vom Stammvater aller Menschen begangene "Ursünde" (lat. peccatum

[5] Auch nach der Taufe bleibt bekanntlich noch eine Verwundung der Seele. Traditionell wird diese als eine vierfache aufgefaßt: Es existieren das *vulnus ignorantiae*, das den Intellekt verdunkelt, das *vulnus infirmitatis*, die Schwäche bei der Überwindung des Bösen und beim Einsatz für das Gute, das *vulnus malitiae*, das den Willen zum Bösen geneigt macht, und das *vulnus concupiscentiae*, wodurch das sinnlich Angenehme auch gegen das Urteil der Vernunft und gegen Gottes Gebote erstrebt wird. Siehe hierzu z.B. Johannes Brinktrine, Die Lehre von der Schöpfung, 342 f.

[6] Bericht der Deutschen Tagespost vom 16.2.1995. Zur Thematik der Ehenichtigkeitsverfahren s. Verf., "Wer heilig ist, trete hinzu; wer es nicht ist, tue Buße!" II. Teil, UVK 25,4/1995, 206-213

originale) zurückgeht, die durch die Zeugung der Nachkommenschaft die gesamte Menschheit infiziert hat.[7]

Doch wurde Johannes Paul II. an anderen Stellen noch deutlicher im Sinne der tradierten Lehre, indem er sich sogar ihrer Terminologie bediente. So sagte er in einer Mittwochsansprache: "Die neue Sakramentenökonomie... wendet sich nicht an den Menschen im Stand der ursprünglichen Gerechtigkeit und Unschuld, sondern an den vom Erbe der Ursünde und vom Stand der Sündhaftigkeit (status naturae lapsae, 'Stand der gefallenen Natur'[8]) belasteten Menschen".[9] In sei-

---

[7] Der bedeutende Neuthomist R. Garrigou-Lagrange O.P. hat schon vor der Zurückweisung der in der Nouvelle théologie verfochtenen Irrtümer durch die Enzyklika „Humani generis" des Papstes Pius XII. jene falschen Tendenzen scharfsinnig analysiert und ihre Gefahren aufgezeigt. Die problematische Erbsündenlehre faßte er treffend in den Worten zusammen: "Le péché originel n'est donc plus en nous un péché qui depend d'une faute volontaire du premier homme, mais il provient des fautes des hommes qui ont influé sur l'humanité." (La nouvelle théologie où va-t-elle? in: Angelicum 23/1946, 136). Unmittelbar nach dem Erscheinen jenes Rundschreibens gab Charles Boyer noch einmal einen kurzen Überblick über die neuen heterodoxen Ansichten Henri de Lubacs und seiner Mitstreiter, wies auf den hierdurch mit der Tradition vollzogenen Bruch hin und verteidigte die Abwehrmaßnahmen Pius' XII. (Les leçons de l' Encyclique "Humani generis", in: Gregorianum 31/1950, 526-539, zur Erbsünde: 532-534). Zum Kampf der Enzyklika „Humani generis" gegen die „Nouvelle théologie" und zu ihrer Bedeutung gerade auch für unsere Zeit siehe David Berger (Hg.), Die Enzyklika „Humani generis" Papst Pius' XII., Editiones Una Voce, Köln 2000.

[8] Es gibt nach der scholastischen Terminologie verschiedene „Stände" („status") der menschlichen Natur. Am einfachsten und am leichtesten verständlich ist die Gliederung im „Grundriß der Dogmatik" von Ludwig Ott (11. Aufl., mit Literaturnachträgen, Bonn 2005, 167). Unter die „bloß möglichen Stände" reiht der Theologe folgenden Fall ein: „Der Stand der *reinen* Natur (status naturae *purae*), d. i. ein Zustand, in dem der Mensch das, aber auch nur das, besitzen würde, was zur menschlichen Natur gehört, und in dem er zu einem *natürlichen* Endziel gelangen könnte." Dieser Stand wird heute massiv angegriffen, weil er die Konsequenz einer „Zwei Stockwerks-Theologie" sei (Gnade und Natur getrennt). An ihm muß aber im Sinne einer *Unterscheidung* (nicht *Trennung*) von Gnade und Natur festgehalten werden, wie wir noch bei der Diskussion um den *limbus puerorum*, den transzendenten Aufenthaltsort der ungetauften, also mit der Erbsünde behafteten unmündigen Kinder sehen werden. Die anderen Stände sind nach Otts Einteilung: „Der Stand der *erhobenen* Natur (status naturae *elevatae)*, d. i. der Urzustand der ersten Menschen vor dem Sündenfall, in dem sie sowohl die absolut übernatürliche heiligmachende Gnade als auch die außernatürlichen Gaben (auch „präternaturalen Gaben" genannt, H-L B) der Integrität besaßen." Gemeint sind mit letzteren die Gabe der leiblichen Unsterblichkeit (donum immortalitatis), der Freiheit von Leiden (donum impassibilitatis), der Freiheit von der falschen Begierlichkeit bzw. Konkupiszenz (donum rectitudinis) und ein von Gott eingegossenes Wissen natürlicher und übernatürlicher Wahrheiten (donum scientiae infusae) (vgl. Ott, 164-166). Um die Frage der übernatürlichen Gnade des Menschen vor dem Sündenfall wurde übrigens im Mittelalter gerungen, sie ist aber mittlerweile positiv entschieden (Heinrich Köster, Urstand, Fall und Erbsünde. In der Scholastik, Handbuch der Dogmengeschichte, hrsg. von Michael Schmaus u. a. , Bd. II, Fasz. 3 b, Freiburg/B. 1979, 14-22; 76-95). Weitere Stände sind nach Otts Konzeption, die durch die Tradition gedeckt ist: Der

ner Sozialenzyklika „Centesimus annus“ aus dem Jahre 1991 schärfte der Papst eindringlich die Notwendigkeit ein, die erbsündliche Belastung des Menschen bei der Konzeption der Gesellschaftsordnung nicht außer acht zu lassen.[10] Wörtlich sagte der Heilige Vater, vor allem mit Blick auf totalitäre Regime marxistischer Provenienz: „Der zur Freiheit geschaffene Mensch trägt in sich die Wunde der Ursünde, die ihn ständig zum Bösen treibt und erlösungsbedürftig macht. Diese Lehre ist nicht nur ein *wesentlicher Bestandteil der christlichen Offenbarung,* sondern sie besitzt auch einen großen hermeneutischen Wert, weil sie die Wirklichkeit des Menschen begreifen hilft. Der Mensch strebt zum Guten, aber er ist auch des Bösen fähig; er kann über sein unmittelbares Interesse hinausgehen und bleibt dennoch daran gebunden. Die Gesellschaftsordnung wird um so beständiger sein, je mehr sie dieser Tatsache Rechnung trägt. Sie wird nicht das persönliche Interesse dem Gesamtinteresse der Gesellschaft entgegenstellen, sondern nach Möglichkeiten einer fruchtbaren Zusammenarbeit suchen. Denn wo das Interesse des einzelnen gewaltsam unterdrückt wird, wird es durch ein drückendes System bürokratischer Kontrolle ersetzt, das die Quellen der Initiative und Kreativität versiegen läßt. Wenn Menschen meinen, sie verfügten über das Geheimnis einer vollkommenen Gesellschaftsordnung, die das Böse unmöglich macht, dann glauben sie auch, daß sie für deren Verwirklichung jedes Mittel, auch Gewalt und Lüge, einsetzen dürfen. Die Politik wird dann zu einer ‚weltlichen Religion‘, die sich einbildet, das Paradies in dieser Welt zu errichten. Aber niemals wird irgendei-

---

Stand der *gefallenen* Natur (status naturae *lapsae*), d. i. der Zustand nach dem Sündenfall, in dem das Gnadenleben zerstört ist und die präternaturalen Gaben dem Menschen genommen sind. Durch das Erlösungsopfer Jesu Christi wird dem Menschen wieder der Weg zum Leben in der Gnade Gottes eröffnet: Dieser Stand wird als der *status naturae reparatae* bezeichnet, die präternaturalen Gaben bleiben allerdings versagt. Und schließlich gibt es noch den Stand derjenigen, die das ewige Ziel erreicht haben und zur unmittelbaren Anschauung Gottes gelangt sind; hier handelt es sich um den *status naturae glorificatae.* Manche andere Dogmatiken legen eine formal etwas abweichende, im wesentlichen Inhalt aber identische Aufteilung vor, so z.B. das sehr gut lesbare, lateinisch geschriebene Lehrbuch von Ad. Tanquerey, Synopsis theologicae dogmaticae" (Tom. II, Parisiis etc. 1926, Nr. 851, S. 531 f.).

[9] Nach Osservatore Romano vom 20.10.1982, abgedruckt in: Johannes Paul II., Die Erlösung des Leibes und die Sakramentalität der Ehe, Katechesen 1981-1984, hg. von Norbert und Renate Martin, Vallendar-Schönstatt 1985, 221.

[10] Das ist auch ein wesentlicher Grund dafür, daß der vorliegende, mehr theologisch gehaltene Beitrag 2010 in die CIVITAS-Reihe aufgenommen wurde, die ja v. a. dem Verhältnis Staat und Kirche gewidmet war.

ne politische Gesellschaft, die ihre eigene Autonomie und ihre eigenen Gesetze besitzt, mit dem Reich Gottes verwechselt werden können."[11] Diese Gedanken des Papstes können nur unsere volle Zustimmung finden. Sie gelten im übrigen nicht nur für jene „Menschheitsbeglücker", die auf dem Boden der kommunistischen Ideologie stehen, sondern nicht minder für die „Heilsapostel" der „New One World", der Konsum-Welt des globalen Kapitalismus ohne ausreichende soziale Komponenten nach den Prinzipien der Solidarität und Subsidiarität.[12]

Der neue Katechismus und die Erbsünde

Sollten noch irgendwelche Bedenken bestehen, ob man die angeführten Beispiele ausschließlich im Sinne des tradierten Dogmas verstehen muß, so können weitere Texte hinzugenommen werden. Wenn man Papst Johannes Paul II. nämlich Gerechtigkeit widerfahren lassen will[13], dürfen nicht die einschlägigen Artikel des „Katechismus der Katholischen Kirche" übersehen werden, in denen die christliche Erbsündenlehre einwandfrei wiedergegeben ist. Und dieser Katechismus, der freilich in anderen Artikeln auch manches Problematische, Ergänzungsbedürftige oder direkt Falsche enthält[14], ist immerhin von Papst Johannes Paul II. approbiert worden!

---

[11] Verlautbarungen des Apostolischen Stuhls 101, Enzyklika CENTESIMUS ANNUS Seiner Heiligkeit Papst Johannes Pauls II. an die verehrten Mitbrüder im Bischofsamt, den Klerus, die Ordensleute, die Gläubigen der katholischen Kirche und alle Menschen guten Willens zum hundertsten Jahrestag von *RERUM NOVARUM*, 1. Mai 1991, Nr. 25, S. 29.

[12] Zu diesen zentralen Begriffen der katholischen Soziallehre siehe Verf., Solidarität und Subsidiarität – Zwei Grundprinzipien der christlichen Soziallehre und ihre Mißachtung in der heutigen Politik, CIVITAS Sonderheft 1, 2008. Der Aufsatz ist auch in den Sammelband meiner CIVITAS-Aufsätze aufgenommen worden: „OPUS IUSTITIAE PAX" – „DER FRIEDE IST DAS WERK DER GERECHTIGKEIT" (JES. 32, 17, WAHLSPRUCH PAPST PIUS' XII.) - *Aufsätze zur christlichen Soziallehre.*

[13] Zu Papst Johannes Pauls II. Gesamtwürdigung siehe Verf., Papst Johannes Paul II.: Santo subito? Ein kritischer Rückblick auf sein Pontifikat, Dettelbach (Sanctus-Verlag) 2007, leicht korrigierte Neuauflage unter dem verkürzten Titel *Johannes Paul II. Ein kritischer Rückblick auf sein Pontifikat* (Stuttgart 2017). Es existiert auch eine – inhaltlich nicht völlig identische – lateinischsprachige Fassung des Buches, die unter dem Titel erschienen ist: Papa Iohannes Paulus II. sitne Sanctis sine mora ascribendus. Vel: De pontificatu Iohannis Pauli II. quid nobis sentiendum sit (ebenso Dettelbach 2007).

[14] Wir können auf dieses Thema hier nicht näher eingehen. Genannt seien beispielsweise nur folgende Artikel: 597, 838-841, 872, 1069, 1261, 1398-1400, 1447, 1571, 1580, 1623, 1636, 1642, 1673.

Schauen wir uns zentrale Aussagen kurz an: „Die Schrift zeigt die verhängnisvollen Folgen dieses ersten Ungehorsams. Adam und Eva verlieren sogleich die Gnade der ursprünglichen Heiligkeit (vgl. Röm 3,23)." (KKK Nr. 399) – „Im Anschluß an den hl. Paulus lehrte die Kirche stets, daß das unermeßliche Elend, das auf den Menschen lastet, und ihr Hang zum Bösen und zum Tode nicht verständlich sind ohne den Zusammenhang mit der Sünde Adams und mit dem Umstand, daß dieser uns eine Sünde weitergegeben hat, von der wir alle schon bei der Geburt betroffen sind und ‚die der Tod der Seele' (vgl. Konzil von Trient: DH 1512) ist. Wegen dieser Glaubensgewißheit spendet die Kirche die Taufe zur Vergebung der Sünden selbst kleinen Kindern, die keine persönliche Sünde begangen haben (Vgl. K. v. Trient: DH 1514)."[15] (KKK Nr. 403) – „Durch die Offenbarung wissen wir aber, daß Adam die ursprüngliche Heiligkeit und Gerechtigkeit nicht für sich allein erhalten hatte, sondern für die ganze Menschennatur. Indem Adam und Eva dem Versucher nachgeben, begehen sie eine *persönliche Sünde*, aber diese Sünde trifft die *Menschennatur*, die sie in der Folge im *gefallenen Zustand* weitergeben (vgl. K. v. Trient: DH 1511-1512). Sie ist eine Sünde, die durch Fortpflanzung an die ganze Menschheit weitergegeben wird (lateinische Version: „Est peccatum quod toti humanitati per propagationem transmittetur"), nämlich durch die Weitergabe einer menschlichen Natur, die der ursprünglichen Heiligkeit und Gerechtigkeit ermangelt. Deswegen ist die Erbsünde ‚Sünde' in einem übertragenen Sinn[16]: Sie ist eine Sünde, die man ‚miterhalten' (im Lateinischen: „contractum", wörtlich: „sich zugezogen"), nicht aber begangen hat, ein Zustand, keine Tat." (KKK Nr. 404) – „Obwohl ‚einem jeden eigen' (vgl. K. v. Trient: DH 1513), hat die Erbsünde bei keinem Nachkommen Adams den Charakter einer persönlichen Schuld. Der Mensch ermangelt der

[15] Zur Kindertaufe siehe Verf., Zum neuen Kindertaufritus, in: „Nichts soll dem Gottesdienst vorgezogen werden" (Benediktregel Kap. 43), Siegburg 2002, 164-199, v. a. Exkurs „Die apostolische Herkunft der Kleinkindertaufe", 193-198. Vgl. Christoph Schönborn, Die kirchliche Erbsündenlehre im Umriß, in: ds., Albert Görres, Robert Spaemann, Zur kirchlichen Erbsündenlehre, 95 f. In Anm. 30 (S. 96) verweist Schönborn auf die Arbeit von J.- Ch. Didier, Faut-il baptiser les enfants? La réponse de la tradition, Paris 1967.

[16] Etwas unglücklicher Ausdruck in der offiziellen deutschen Übersetzung, da er auch die Wiedergabe von „sensu metaphorico", „sensu allegorico" o. ä. sein könnte; im Lateinischen steht hingegen: „modo analogico", also „auf analoge Weise", im Französischen richtig: „de façon analogique".

ursprünglichen Heiligkeit und Gerechtigkeit, aber die menschliche Natur ist nicht durch und durch verdorben, wohl aber in ihren natürlichen Kräften verletzt. Sie ist der Verstandesschwäche, dem Leiden und der Herrschaft des Todes unterworfen und zur Sünde geneigt; diese Neigung zum Bösen wird ‚Konkupiszenz' genannt. Indem die Taufe das Gnadenleben Christi spendet, tilgt sie die Erbsünde und richtet den Menschen wieder auf Gott aus, aber die Folgen für die Natur, die geschwächt und zum Bösen geneigt ist, verbleiben im Menschen und verpflichten ihn zum geistlichen Kampf." (KKK Nr. 405)

So erfreulich die Lehre des KKK zur Erbsünde ist, ändern diese und ähnliche Stellungnahmen des nachkonziliaren kirchlichen Lehramtes dennoch nichts an einer problematischen Tendenz in der modernen Theologie: Man schwächt den nur durch die Taufe (mindestens die Begierdetaufe, hierzu weiter unten) zu tilgenden Gnadenverlust des erbsündlich belasteten Menschen ab und gelangt so praktisch zum allgemeinen Heil auch der Nichtchristen, im Extremfall sogar der Atheisten. Die Nähe zu der von der Kirche mehrfach verurteilten Allerlösungslehre[17] ist unausweichlich. Selbst Papst Johannes Paul II. hegte gewisse Sympathien für eine solche Position. Dies hat vor allem Johannes Dörmann immer wieder in seiner auf mehrere Bände angelegten großen Untersuchung „Der theologische Weg Johannes Pauls II. zum Weltgebetstag der Religionen in Assisi" nachgewiesen. Hiervon abweichende, ja dazu letztlich in Kontradiktion stehende Stellungnahmen desselben Papstes zeigen lediglich, daß der verstorbene Heilige Vater entweder sich selbst seiner Sache nicht ganz sicher war oder aber – und das ist nach dem ganzen geistigen Klima unserer Zeit leider noch wahrscheinlicher - zu einer Haltung neigte, die bereit war, selbst mit gewissen Widersprüchen zu leben.[18] Jedenfalls

[17] Die Verurteilung erfolgte u. a. auf der Synode von Konstantinopel im Jahre 543 (DH 411) und auf dem 4. Laterankonzil von 1215 (DH 801). Vgl. das Kapitel "Der Glaube der Kirche" im Aufsatz von L. Scheffczyk mit dem Titel "Apokatastasis: Faszination und Aporie", ursprünglich in: IKaZ (Communio) 14/1985, 35-46, wiederabgedruckt in: ds., Glaube in der Bewährung, St. Ottilien 1991, 545-558, hier 548-551.

[18] Zu diesem schon von Papst Pius X. in „Pascendi dominici gregis" für den Modernismus diagnostizierten Phänomen und seiner weiten Verbreitung in den heutigen Geisteswissenschaften, einschließlich der Theologie, siehe Verf., Wandelt sich die Wahrheit? In: „Die Liebe Christi drängt uns" (2 Kor 5,14) – Aufsätze zur Kirchenkrise und zu ihrer Überwindung, [2]Ruppichteroth 2005, 24-30.

ließ der damalige Pontifex sich – bei allen problematischen Aussagen und Handlungen seiner Amtszeit - nicht so einseitig auf eine formal häretische Lehre festlegen, wie diejenigen Katholiken es ihm immer wieder nachzuweisen versuchten, die ihm aus solchen Gründen die legale Amtsinhabe absprachen.

Die Erbsündenlehre des II. Vatikanums ist nicht einwandfrei

Fest steht, daß schon die Lehre des II. Vatikanums zur Ursünde vom modernen Geist, zumindest in Ansätzen, angekränkelt ist. Es dürfte wohl kaum einem Zufall entspringen, daß gerade in „Gaudium et spes" Nr. 22, jenem für die Konzilsära so zentralen Text des II. Vatikanums[19], die klassische Terminologie der katholischen Kirche nicht korrekt benutzt worden ist. Dort heißt es, daß "die Gottebenbildlichkeit (wörtlicher: die Ähnlichkeit mit Gott, Verf.)... von der ersten Sünde her verunstaltet war" („similitudinem divinam, inde a primo peccato deformatam", ²LThK 14,352 = DH 4322 = Wohlmuth, Dekrete der ökumenischen Konzilien 3/2002, 1081).[20] Nach uraltem Sprachgebrauch war die "Gottähnlichkeit", die "similitudo Dei", in Wahrheit nicht "verunstaltet" ("deformata"), sondern vollkommen "zerstört" ("deleta"): Der Mensch,

Ilaria Morali bescheinigt auch Henri de Lubac, ohne dessen Theologie der Heilsoptimismus des II. Vatikanums und gerade auch Papst Johannes Pauls II. nicht denkbar wäre, einzelne Ungenauigkeiten und Inkohärenzen sowie Mangel an völliger Harmonisierung aller von ihm vertretenen Lehren („una certa imprecisione, mancanza di coesione ed armonizazzione completa di tutti gli elementi e verità da lui illustrati"); sie führt, geprägt von der Sympathie für den von ihr behandelten Theologen, diese Unstimmigkeiten auf die „Genialität der Person" zurück (La salvezza dei non cristiani – L'influsso di Henri de Lubac sulla dottrina del Vaticano II, Bologna 1999, 326). Ich bin nicht der Ansicht, daß die Verfasserin zu wenig Verständnis für de Lubacs Denkform des „Paradoxen" aufbringt, die wirklich oft genug als problematisch erscheint, und daß der Hinweis auf die „genialità del personaggio" allzu unvermittelt erfolgt, wie Manfred Lochbrunner in der Rezension der römischen Doktordissertation der Theologin vorwirft (Forum Kath. Theol. 17/2001, 239). Allerdings scheinen mir solche Schwächen weniger in der Persönlichkeit des französischen, zweifellos hochbegabten Gelehrten als vielmehr in der Tatsache begründet zu liegen, daß man in Teilen der modernen Theologie, vor allem bei sog. Halbkonservativen, ständig gewisse mit der überlieferten Lehre inkompatible Neuansätze irgendwie doch mit der traditionellen kirchlichen Sicht zu vereinbaren versucht.

[19] Nach der Einschätzung Papst Johannes Pauls II. ist das Kapitel 22 von „Gaudium et spes" sogar der „theologische Angelpunkt des ganzen Konzils". Siehe George Weigel, Zeuge der Hoffnung: Johannes Paul II - Eine Biographie, dt. Ausgabe Paderborn 2002, 176.

[20] Im Kontext lautet der gesamte Satz, dessen Subjekt Christus ist: „Qui est ‚imago Dei invisibilis' (Col. 1,15), Ipse est homo perfectus, qui Adae filiis similitudinem divinam, inde a primo peccato deformatam, restituit.» (GS 22,2)

der ganz aus der übernatürlichen Ordnung herausgefallen war, ist existentiell vom Sühne - und Erlösungsopfer Christi abhängig geworden, dessen Frucht ihm in der christlichen Taufe zugewendet wird. Oder wie St. Thomas von Aquin mit Blick auf eine Formulierung Bedas die Wirkung des Sündenfalls auf den Menschen ausdrückte: „exspoliatur gratuitis et vulneratur in naturalibus“ - „er verliert die Gnadengaben und wird im Bereich des Natürlichen verwundet“. (S. th. I-II q. 85 a. 1 SC).[21] Geblieben war dem Menschen eben lediglich, wie Thomas andeutet, eine natürliche Ähnlichkeit mit Gott aufgrund seiner Geistseele, die "imago Dei" („Abbild Gottes“), diese freilich auch nur im verwundeten Zustand ("vulnerata"). Das ist keine protestantische Position, wie mir mehrfach in Gesprächen vorgehalten wurde, sondern die genuin katholische. Die protestantische Sichtweise hat jüngst noch einmal der dänische Propst Søren Ruager in einem sonst sehr wertvollen Aufsatz vorgetragen; dabei differenzierte er gar nicht zwischen den beiden Begriffen *imago* und *similitudo*, die möglicherweise im hebräischen Original auch nicht scharf voneinander zu unterscheiden sind[22]: „Der Mensch war im und zum Bild Gottes gemacht (1 Mo 1,27), aber dieses Bild wurde durch die Sünde zerstört, die schon durch den Ungehorsam Adams in die Welt gekommen war (Röm 5,12 ff.).“[23]

---

[21] Eine ähnliche Formulierung gebrauchte auch der hl. Albert der Große: „Sed contra est quod dicit *Glossa super X Lucae (Luc 10.30)* illud: 'Qui etiam despoliaverunt eum' scilicet quod despoliaverunt eum in gratuitis et vulneraverunt in naturalibus.“ (*De homine*, Kap. *De compositione corporis Adae*, zitiert nach: Albertus Magnus, Über den Menschen - De homine. Nach dem kritisch erstellten Text übersetzt und herausgegeben von Henryk Anzulewicz und Joachim R. Söder. Lateinisch-deutsch, Hamburg 2004, 126). Im Kontext sind hier allerdings die „gratuita“ auf die präternaturalen, nicht automatisch zur menschlichen Natur gehörigen Gaben bezogen, mit denen Gott die Urmenschen vor dem Sündenfall beschenkt hatte und die dem Menschen auch nach dem Erlösungswerk Jesu Christi nicht wiedergegeben wurden.

[22] Selbst der glaubenstreue große Gelehrte J.P.M. van der Ploeg O.P. machte zu Recht darauf aufmerksam, daß man aus dem Literalsinn von Gen 1,26 f. die hier vorgenommene Unterscheidung nicht mit zwingender Sicherheit eruieren kann, daß sie aber einer später allgemein üblichen, auch vom hl. Thomas gepflegten theologischen Interpretation entspricht (Theologisches 26,2/1996, 20). In Gen 1,26 stehen nebeneinander: *zelem* (hebräisch)/ *eikōn* (griechisch)/ *imago* (lateinisch)/ *Abbild* (deutsch) und *demut* (hebräisch)/ *homoiōsis* (griechisch)/ *similitudo* (lateinisch)/ *Gleichnis* bzw. *Ähnlichkeit* (deutsch). Erste, wenn auch dogmatisch noch unausgefeilte Ansätze zu der Unterscheidung (wobei auch die Begrifflichkeit noch nicht sauber fixiert ist), finden sich bereits bei Irenäus von Lyon, Klemens von Alexandrien und Origenes, siehe Manfred Hauke, Heilsverlust in Adam, Stationen griechischer Erbsündenlehre: Irenäus - Origenes - Kappadozier, Paderborn 1993, 333-336.

[23] Søren Ruager, Das Ebenbild des unsichtbaren Gottes. Das Bild Gottes nach der Botschaft der Bibel, in: Diakrisis 30,2/2009, 77

Joseph Ratzinger erwähnte in seinem Kommentar zu *Gaudium et spes 22* die Abweichung von der Tradition, verharmloste sie aber, indem er sie lediglich als eine "Ausdrucksweise, die man...von der Schulsprache her als ungenau bezeichnen muß"[24] einstufte. In Wahrheit wird durch diese Änderung der Begrifflichkeit, die ja wohl kaum einer Nachlässigkeit ihr Entstehen verdankt, sondern bewußt in einen Kontext eingeführt ist, der von Rahners und de Lubacs Geist nicht ganz unbeeinflußt ist[25], die radikale Erlösungsbedürftigkeit des Menschen abgemildert (wenn sie im Kontext auch noch erwähnt ist), man unterscheidet nicht mehr so klar wie nötig zwischen Natur und Übernatur, und folglich werden Allerlösungstheorien aller Schattierungen begünstigt. Gerade auf diese Zusammenhänge hat der schon erwähnte, mittlerweile verstorbene Münsteraner Theologe Johannes Dörmann aufmerksam gemacht.[26] Man fragt sich natürlich mit Fug und Recht, wie eine solche Ausdrucksweise von der „verunstalteten (deformierten) Gottähnlichkeit" des Menschen, wenn sie nach traditionellem Verständnis auf das Gnadenleben bezogen ist, vor dem Tribunal der Vernunft Bestand haben soll: Ist in den Menschen von Natur aus noch eine „deformierte", sozusagen eine „halbe Gnade" (quantitativ oder qualitativ zu verstehen) verblieben? Braucht Gott ihnen demnach nicht ganz neu seine Liebe aus dem Gnadenstrom der Erlösung durch Jesus Christus zu schenken, sondern muß sie gleichsam nur partiell wieder in seine Gnade aufnehmen?[27] Oder will man die „similitudo Dei" gegen eine uralte Tradition überhaupt nicht mehr mit dem Gnadenleben des Menschen verbinden? Worauf bezieht sie sich aber dann?
Daß wir mit unserer Kritik nicht zu weit gehen, zeigt ein Blick in den „Katechismus der Katholischen Kirche". Dort ist nämlich die überlieferte Lehre der Kirche auf einmal wieder richtig dargestellt, und zwar

---

[24] LThK (2. Aufl.) 14,350
[25] Siehe meinen Beitrag „Rahners Theorie vom anonymen Christentum, ‚Gaudium et spes' 22 des II. Vatikanums und die Lehre Papst Johannes Pauls II., in: David Berger (Hrsg.), Karl Rahner – Kritische Annäherungen, Quaestiones non disputatae, Siegburg 2004, 383 – 449.
[26] Der theologische Weg Johannes Pauls II. zum Weltgebetstag der Religionen in Assisi, Bd. I, Senden/Westf. 1990, 81-85
[27] Siehe die berechtigte Kritik von Paolo Pasqualucci: „Appare privo di senso insinuare che essa (la grazia) si è mantenuta in modo 'deformato' in noi. Che significa? Che in ogni uomo è rimasta ontologicamente una grazia a metà? O peggio ancora, una grazia 'deforme'? L'immagine stessa di una 'somiglianza deforme' con Dio appare incoerente e assurda." (L'ambigua cristologia della redenzione universale – Analisi di *Gaudium et Spes 22,* Spadarolo 2009, 50-55, Zitat 55)

eben auch mit der traditionellen Terminologie – ein interessantes Faktum, das bisher kaum beachtet worden zu sein scheint! Es zeigt uns übrigens, daß eine Kritik an einzelnen Texten des II. Vatikanums richtig und in bestimmten Fällen sogar unbedingt nötig sein kann![28] In KKK 705 heißt es: „Obwohl durch die Sünde und den Tod verunstaltet, bleibt der Mensch ‚nach dem Bilde Gottes', nach dem Bilde des Sohnes geschaffen, doch er hat ‚die Herrlichkeit Gottes verloren' (Röm 3,23), ist der ‚Ähnlichkeit' mit ihm beraubt." Zur Kontrolle sei hier auch die zwar später entstandene, letztlich aber verbindliche lateinische Version angeführt: „Homo, a peccato et a morte deformatus, manet ‚ad imaginem Dei', ad imaginem Filii[29], sed ‚eget gloria Dei', ‚similitudine' privatus." Durch die Anführungszeichen bei „ad imaginem Dei" und „similitudine" wird, ebenso wie in der deutschen Fassung, kundgetan, daß es sich hier um Zitate handelt, nämlich aus Gen 1, 26.

Der Heilige Vater, Papst Benedikt XVI., betonte selbst vor einigen Jahren: „In der Tat, wenn man nicht mehr versteht, daß sich der Mensch in einem Zustand der (nicht nur ökonomischen und sozialen und folglich in einer mit seinen eigenen Anstrengungen allein nicht lösbaren) Entfremdung befindet, versteht man nicht mehr die Notwendigkeit des

[28] Eine ganze Reihe weiterer Beispiele wären hier zu nennen. Wir beschränken uns auf Aussagen zur Realpräsenz Christi im Altarsakrament, die ja wohl das Kostbarste ist, was der Kirche von ihrem göttlichen Stifter überantwortet wurde. In einmaliger Weise wird der katholische Glaube durch den Begriff der „Transsubstantiation" ausgedrückt und gegen Irrtümer geschützt. Auf dem II. Vatikanum wurde dieser dogmatisch festgelegte Terminus bewußt, und zwar nachweislich aus ökumenischer Rücksichtsnahme, ausgelassen, dann aber von Papst Paul VI. in seiner Enzyklika „Mysterium fidei" wieder eingeschärft (siehe meine Artikelserie zum Transsubstantiationsbegriff in den Heften 7-11/2010 der *Kirchlichen Umschau).* Bei der Aufzählung der verschiedenen Formen der Präsenz Christi in der Liturgie (in der Person des Priesters, in den Sakramenten, in der Hl. Schrift und in der betenden Versammlung der Gläubigen) hatte man in *Sacrosanctum Concilium* Nr. 7 behauptet, Jesus Christus sei – im Verhältnis zu anderen Gegenwartsformen – „**vor allem** unter den eucharistischen Gestalten" präsent ("tum **maxime** sub speciebus eucharisticis"). Diese Spezifizierung, mit der man wiederum den Protestanten entgegenkommen wollte, ist zu schwach: Sie ließe sich auch als eine rein graduelle Unterscheidung verstehen, in Wirklichkeit handelt es aber um eine qualitativ-seinsmäßige Differenz. In der endgültigen Fassung des Artikels 7 der „Institutio generalis" zum Messbuch Pauls VI. (= Art. 27 der dritten Auflage) verzichtete man auf Druck glaubenstreuer Kreise hin auf das mißverständliche Adverb "maxime" des II. Vatikanums und setzte stattdessen die Begriffe "substantialiter et continenter" ("wesenhaft und dauerhaft"), die der eucharistischen Wahrheit wesentlich besser gerecht werden. Zur Transsubstantiation siehe jetzt auch mein Buch „Die Messe der Kirche – Opfer – Priestertum – Realpräsenz", *UNA VOCE Edition 2016,* v. a. 218-331.

[29] Nach der deutschen Fassung könnte man hier das Partizip „creatus" erwarten, aber z.B. auch die französische Ausgabe des KKK drückt sich wie die lateinische aus.

Erlösers Christus. Die ganze Struktur des Glaubens ist somit bedroht. Die Unfähigkeit, die ‚Erbsünde' zu verstehen und verständlich zu machen, ist wirklich eines der schwerwiegendsten Probleme der gegenwärtigen Theologie und Pastoral."[30]

Die Schwächung des Menschen durch die Erbsünde wurde verkannt

Leider neigten schon die Päpste Johannes XXIII. und Paul VI. in Wort und Tat dazu, die Bedeutung der erbsündlichen Schwächung für das Denken und Verhalten des Menschen zu unterschätzen: Der eine setzte in seiner Rede „Gaudet Mater Ecclesia" zur Konzilseröffnung ausschließlich (hierin liegt das Problem!) auf Güte und Nachgiebigkeit statt auf eine gewisse, leider ebenso unabdingbare Strenge und Kompromißlosigkeit, wenn es um die Reinhaltung des Glaubens geht. Sein Nachfolger richtete nach dieser Ideologie die kuriale Praxis ein und beraubte die Kirche eines wirkungsvollen Korrektivs gegen die immer stärker grassierenden Irrtümer, indem er bei der Umwandlung des Sacrum Officium in die Glaubenskongregation den Charakter dieser Behörde massiv veränderte. Näheres hierzu mag man nachlesen bei Verf., Freiheit, die nicht frei macht, Una Voce Korrespondenz 23/1993, 377 ff.
Auch der unrealistische Ansatz im Konzilsdokument „Dignitatis humanae" Nr. 1, daß die Wahrheit prinzipiell „sanft und zugleich stark den Geist durchdringt" („[vi ipsius veritatis,] quae suaviter simul ac fortiter mentibus illabitur") und daß daher die (religiösen) „Pflichten das Gewissen der Menschen berühren und binden" („officia... hominum conscientiam tangere ac vincire"), offenbar so zu verstehen, daß die Menschen ihren Pflichten dann tatsächlich in der Regel nachkommen, steht einer Leugnung der Erbsünde für die Lebenspraxis nicht fern. In Wirklichkeit spielen nämlich leider bei nicht wenigen Menschen ganz andere Faktoren als die reine Liebe zur Wahrheit eine Rolle dafür, daß sie ihr im einen Fall folgen, im andern ablehnend begegnen. Der russische Philosoph Solowjew zögerte nicht auszusprechen, wie es bei manchen Geschöpfen Gottes trotz ihrer Vernunftbegabtheit mit der angeblich so reinen Liebe zur Wahrheit bestellt ist: „Sie hassen die Wahrheit

[30] Joseph Kardinal Ratzinger, Zur Lage des Glaubens – Ein Gespräch mit Vittorio Messori, deutsche Ausgabe München-Zürich-Wien 1985, 79 f.

deswegen, weil sie sie zu Handlungen verpflichtet, die sie nicht wollen."[31]

Für eine solche Einsicht kann man sich bekanntlich auf den Gottmenschen selbst berufen: Mit etwas anderem Akzent, aber inhaltlich durchaus vergleichbar belehrte Jesus in jener nächtlichen Begegnung den bei ihm Rat suchenden Ratsherrn und Pharisäer Nikodemus: "Jeder, der Böses tut, haßt das Licht und kommt nicht zum Licht, damit seine Werke nicht bloßgestellt werden" (Joh 3,20, vgl. auch Joh 7,17).

Papst Johannes Paul II. verschärfte die Ansätze von GS 22

Papst Johannes Paul II. ließ sich von GS 22 stark beeinflussen[32], zog aber den dort angelegten Ansatz einer neuen Lehre noch weiter aus. Deut-

---

[31] W. Solowjew, Sonntags - und Osterbriefe, in: Deutsche Gesamtausgabe der Werke von Wladimir Solowjew VIII (hg. von Ludolf Müller), München 1980, 77. Weitere Gedanken hierzu siehe bei Marius Reiser, Sünde und Sündenbewusstsein in der Antike, bei Paulus und bei uns, Erbe und Auftrag 77/2001, 464-469. Ausführlicher habe ich selbst zur Frage sachfremder Kriterien bei der menschlichen Haltung gegenüber der Wahrheit anderswo Stellung bezogen: Keine Einheit ohne Wahrheit! 2. Auflage Stuttgart 1999, 176-183 (Kap. „Nicht immer bestimmt die reine Liebe zur Wahrheit den Dialog"). Vgl. auch Marion Giebel, Seneca, 3. Aufl. Hamburg 2001, 88.

[32] Das gilt auch für eine andere zentrale Aussage in „Gaudium et spes" Nr. 22. Sie lautet: „Ipse enim, Filius Dei, incarnatione sua cum omni homine quodammodo se univit" - „Denn er, der Sohn Gottes, hat sich in seiner Menschwerdung gewissermaßen mit jedem Menschen vereinigt." Bereits in seiner Antrittsenzyklika „Redemptor hominis" (vom 4. 3. 1979) wurde dieser Satz von Papst Johannes Paul II. zustimmend und mit einer bestimmten Intention zitiert (Nr. 8). Die Aussage klingt zunächst einmal recht harmlos, zumal sie ja die einschränkende Bestimmung enthält: "gewissermaßen" ("quodammodo"). Ähnliche Gedanken kann man auch bei Matthias Josef Scheeben und zuvor schon bei Thomassin finden (Die Herrlichkeiten der göttlichen Gnade, 16. Aufl. hg. von Robert Grosche, Freiburg/B. 1941, 47 mit Anm. 11).

Bei Johannes Paul II. hat jener Satz aber eine ungeheure Eigendynamik entwickelt; J. Dörmann, der die Bedeutung dieses Gedankens für die Theologie Johannes Pauls II. detailliert analysiert, spricht zu Recht von einem „grundlegende(n) Schlüsseltext" (Der theologische Weg Johannes Pauls II. zum Weltgebetstag der Religionen in Assisi, II./1 Die „trinitarische Trilogie": Redemptor Hominis; Dives in Misericordia; Dominum et Vivificantem, Senden/Westf. 1992, 115). Er führt bei ihm nämlich zu einer gewissen Vermischung von Natur und Übernatur, zwischen denen freilich auch in Gaudium et spes Nr. 22 zuvor schon nicht scharf genug unterschieden worden war. Näheres hierzu siehe Verf. in dem schon erwähnten, von David Berger herausgegebenen Sammelband *Karl Rahner - Kritische Annäherungen*, 383-449.

Paolo Pasqualucci hat GS 22, mit dem Zentrum im zitierten Satz, eine eigene Monographie gewidmet, die wir oben schon angeführt haben (Anm. 27). Die Untersuchung enthält viele wertvolle Beobachtungen, oft ist die Kritik des traditionstreuen italienischen Gelehrte durchaus berechtigt. Hier und da schießt der Autor allerdings ein wenig über das Ziel hinaus, so wenn er behauptet, durch die aus GS zitierte Aussage müsse sich jeder

lich wird jene von der Tradition abweichende Position, ohne die das ganze von de Lubac und Rahner entlehnte Gedankengebäude kein Fundament besäße, in seinem Apostolischen Schreiben "Mulieris dignitatem". Dort verkündete Johannes Paul II. in Nr. 6 als angeblich "unveränderliches Fundament jeder christlichen Anthropologie": "Dieses für den Menschen wesentliche Abbild und diese Ähnlichkeit mit Gott wird von Mann und Frau als Gatten und Eltern an ihre Nachkommenschaft weitergegeben."[33] Die „Ähnlichkeit mit Gott", die „similitudo Dei", die traditionell als das Gnadenleben des Menschen betreffend verstanden wurde, das in ihm durch die Erbsünde zunächst einmal zerstört worden ist, gehört nach Johannes Paul II. zum „Wesen des Menschen" („essentialis homini"), also offenbar zu seiner Natur. Ähnlichen Worten begegnet man z. B. auch in der Enzyklika „Dominum et vivificantem" (Nr. 67), wir werden auf die Stelle noch zu sprechen kommen. Dann kann es sich aber um keine übernatürliche Gnadengabe, kein "donum supernaturale" mehr handeln. Man sieht hier, wie sich die Vermengung von Natur und Gnade aus H. de Lubacs Standardwerk „Surnaturel. Études historiques" (Paris 1946), zugleich aber auch aus Rahnerschen Ansätzen seine Bahn bis zum päpstlichen Thron gebrochen hatte!

Die auch hier, wie schon in „Redemptor hominis" (Nr. 13), wieder als biblischer Beleg zuvor herangezogene Stelle aus Gen 1,26 leistet in keiner Weise das, wofür sie vom Papst in Anspruch genommen wird: Beim Schöpfungsbericht handelt es sich bekanntlich um den Zustand

---

Mensch als „eines Wesens mit dem Vater" betrachten: „Se fosse vero che il Cristo, con l'Incarnazione stessa, si è unito a ogni uomo, allora ogni uomo sarebbe in quanto tale unito al Cristo e ognuno di noi dovrebbe ritenersi consustanziale al Padre, esattamente come il Cristo!" (80) Der Kontext in GS macht deutlich genug klar, daß ausschließlich die *menschliche* Natur Christi gemeint ist. Es geht hier nicht um seine *Person*, in der natürlich die hypostatische Union von *menschlicher* und *göttlicher* Natur nicht auflösbar ist. Allerdings wird wie gesagt leider nicht klar genug zwischen Natur und Übernatur im Konzilstext und dann erst recht bei Papst Johannes Paul II. unterschieden.

[33] "Haec essentialis homini imago et similitudo Dei, a viro et muliere, uti coniugibus et genitoribus, eorum posteritati proditur" (AAS 80/1988, 1662). Der Text ist auch im Internet greifbar unter der Adresse www.vatican.va/holy_father/john_paul_II/apost_letters. Die dort veröffentlichte deutsche Fassung lautet: „Diese für den Menschen wesentliche Gottebenbildlichkeit geben Mann und Frau als Eheleute und Eltern an ihre Nachkommenschaft weiter." Gegen die Wendung der passiven Formulierung ins deutsche Aktiv ist bei einer zielsprachenorientierten Übersetzungsmethode, wie sie sich von vernünftigen hermeneutischen Grundsätzen her meist sogar empfiehlt, nichts einzuwenden. Wohl aber hätte man auch das lateinische Substantiv „similitudo" angesichts seiner Bedeutung für die traditionelle Erbsündenlehre mit berücksichtigen müssen.

vor dem Sündenfall, der mit seinen Folgen dann erst in Gen 3 berichtet wird. Wie der vom Papst mit äußerstem Nachdruck vorgetragene Satz mit der durch Anathem-Androhung geschützten Lehre des Trienter Konzils zu vereinbaren sein soll, nach der "die Sünde Adams durch Fortpflanzung übertragen wird" (Adae peccatum...propagatione...transfusum", DH 1513[34]), ist schwer erfindlich.

Ein erster Einwand gegen unsere Deutung könnte lauten: Du hast den Kontext nicht berücksichtigt, schau doch bitte auf *Mulieris dignitatem* Nr. 9! In der Tat ist dort vom Sündenfall, von der Tatsache die Rede, daß der erste Mensch das ursprüngliche Gnadenangebot Gottes zurückgewiesen hat, ja sogar von der „Ursünde" (*peccatum „originale"*, so in Anführungszeichen gesetzt, weiter unten im Genetiv *peccati originalis* ohne Zeichen) bzw. der „Anfangssünde" (peccatum *„initii"*, abermals mit Anführungsstrichen) lesen wir. Johannes Paul II. führt dann weiter aus, daß diese Ursünde irgendwie auch „imaginem et similitudinem Dei" berühre. Anstatt sich aber zur klassischen Lehre zu bekennen, daß die „similitudo" im Menschen durch den Sündenfall so lange zerstört ist, bis die Taufe (und sei es nur die Begierdetaufe) erfolgt, läßt er die zuvor behauptete „similitudo", die ja nach seiner Auffassung an alle Menschen qua Geburt weitergegeben wird, bestehen, ergänzt sie jedoch durch eine gewisse „dissimilitudo", eine „Unähnlichkeit", die sich durch die Sünde eingestellt habe. Was das konkret für das Gnadenleben Ungetaufter bedeuten soll, wird auch aus dem Kontext nicht klar!

Es wird auch dadurch nicht klarer, daß der Heilige Vater immerhin in Nr. 9 zugibt, eine gewisse „Verdunkelung", ja eine „Minderung" (mit Bezug auf GS 13 in den sich dann anschließenden Worten) des „Bildes und Gleichnisses Gottes im Menschen" habe stattgefunden. Die lateinische Formulierung lautet hier: „Non equidem significant [gemeint sind vorher angeführte Worte aus Gen 3] *imaginem et similitudinem Dei in homine,* sive muliere, sive viro, esse peccato deletam; sed significant eam esse ‚obscuratam'... et, aliquo sensu, ‚imminutam'." Die „similitudo" ist aber ja gerade nach traditioneller Lehre der Kirche

---

[34] Weitere kirchliche Entscheidungen hierzu siehe z.B. Johannes Brinktrine, Die Lehre von der Schöpfung, Paderborn 1956, 339. Sie stützen den von Brinktrine zuvor formulierten Satz: „Die Erbsünde wird durch die natürliche Abstammung von Adam fortgepflanzt". Der Satz wird zu Recht mit der censura dogmatica „De fide" versehen, gehört also zum absolut verbindlichen Glaubensgut der katholischen Kirche.

nicht „verdunkelt“ (oder „getrübt“, so die offizielle deutsche Version), sondern sie ist „deleta“, sie ist völlig „zerstört“, befindet sich also genau in jenem Zustand, den der Papst ausdrücklich leugnet! Die drei Kirchenväterpassagen, die Johannes Paul II. aus Origenes und Gregor von Nyssa, die übrigens, nebenbei gesagt, der Allerlösungslehre selbst nicht ganz fernstanden, an der Stelle, wo wir Auslassungspünktchen gesetzt haben, für seine Position anführt, beweisen gar nichts: So lange die Terminologie noch nicht theologisch geklärt war, durfte man sich so ausdrücken. Nachdem aber die Kirche seit vielen Jahrhunderten anders spricht, muß der höchste Vertreter des kirchlichen Lehramtes, der hiervon häufig eklatant abweicht, den Gläubigen erklären, warum er das tut. Der ideologische Hintergrund der Änderung scheint ja auf der Hand zu liegen. Leider wird er aber nie ganz sauber und klar ausgesprochen. Immerhin sagte der Papst im folgenden ausdrücklich, daß alle Menschen zum Bund mit Gott vorherbestimmt seien. Im Lateinischen wird hier tatsächlich der Terminus „praedestinatio“ verwendet, der auch sonst, wie wir noch sehen werden, in ähnlichem Zusammenhang vorkommt: „Doctrina biblica in universum nobis affirmare concedit praedestinationem omnes homines contingere, quemque virum et quamque mulierem, sine discrimine.“ Die unbedingt notwendige theologische Unterscheidung zwischen der *voluntas antecedens*, dem einer Entscheidung des Menschen vorausgehenden, allgemeinen Heilswillen Gottes, und der *voluntas consequens*, dem göttlichen Willen, der das Votum des Menschen, also gegebenenfalls auch die Zurückweisung des Erlösungsangebotes, respektiert, unterbleibt - wohl nicht ohne Absicht. Das Gnadenangebot ist eben zwar für alle Menschen da (gratia sufficiens), aber nicht alle nehmen es an, so daß es nur bei gewissen Menschen zur Wirkung gelangt (gratia efficiens); ohne diese notwendigen Differenzierungen gerät man leicht in den Irrtum der *Apokatastasis hapanton,* der Allerlösungstheorie.[35]

Ein zweiter Einwand gegen unsere Interpretation könnte lauten, der Papst leugne hier vielleicht doch nicht implizit die verheerenden Folgen der Erbsünde, er formuliere lediglich "von der Schulsprache her ungenau", um Ratzingers Versuch der Verteidigung von GS 22 aufzugreifen, den wir schon vorgestellt haben. Immerhin wird Gen 1,26

[35] Siehe hierzu z.B. David Berger, Buchbesprechung zu: Thomas Franklin O'MEARA O.P., *Thomas Aquinas Theologian*, Notre Dame 1997, in: Doctor Angelicus 1/2001, 198 f.

f., die Stelle des Alten Testaments, in deren Vulgatafassung die besagten Termini auftreten, von den modernen Theologen durch die Bank weg nicht mehr im überlieferten Sinn verstanden.

Deutungen von Gen 1,26 f. in der modernen Theologie

Verschiedene Deutungsansätze trägt Leo Scheffczyk im Band „Schöpfung als Heilseröffnung - Schöpfungslehre“ des von ihm selbst und Anton Ziegenaus herausgegebenen Werkes „Katholische Dogmatik“ vor (Bd. 3, Aachen 1997, 225-231). Scheffczyk gibt zu, daß die traditionelle Unterscheidung in natürliche, die Geistseele betreffende (imago) und übernatürliche, sich auf die Gnade beziehende (similitudo) Gottebenbildlichkeit, die übrigens auch der hl. Thomas lehrt[36], bereits im Anschluß an Irenäus von Lyon vorgenommen worden war[37], lehnt diese aber als „unbefriedigend“ ab. Nach seiner eigenen Position „bleibt der Sünder Ebenbild Gottes“. Die Begründung lautet: „Die responsorial-dynamische Konzeption kann verständlich machen, warum und inwieweit der Sünder Ebenbild Gottes bleibt. Er behält diese Auszeichnung, nicht weil er Geist besitzt, der als solcher noch keine direkte Relation zu Gott erkennen läßt, sondern weil er in der Sünde eine ablehnende Antwort zu Gott spricht, die ihn aber als ‚Antwortsein’ oder als ‚Sein in der Verantwortung’ nur bestätigt. Der Sünder ist in seiner Struktur weiter ‚imago’ Dei, aber freilich eine unerfüllte, leere, dunkle ‚imago’. Die inhaltliche Erfüllung dieser Responsorialität ist erst das ‚Ja’ zu Gott. Als Antwort auf den liebenden Gott ist dieses ‚Ja’ zugleich aus der Liebe Gottes kommend und also ‚Gnade’. So ist die

---

[36] David Berger, Thomas von Aquin begegnen, Augsburg 2002, 132-136. Vgl. auch Elisabeth Reinhardt, Dynamik und Stabilität des Gottesbildes im Menschen nach Thomas von Aquin, Forum Kathol. Theol. 18/2002, 214 f.

[37] Siehe z.B. Iren. Adv. haer. 5, 16,2 (Fontes Christiani 8/5, 134-137), wo schon ausdrücklich gesagt wird, daß der Mensch im Unterschied zur *imago* (griechisch: *eikōn*) die *similitudo* (griechisch: *homoiōsis*) durch die Sünde verloren hatte („propter hoc autem et similitudinem facile amisit“) und erst Christus sie wiederherstellte und sicherte („et similitudinem firmans restituit, consimilem faciens hominem invisibili Patri per visibile Verbum“). Die Übersetzung von Norbert Brox ist hier zu schwach: „und es (das Wort) stellte die Ähnlichkeit sicher“: Diese Wiedergabe berücksichtigt nicht ausreichend, daß die *similitudo*, wie es ja zuvor ausdrücklich heißt, verlorengegangen war und wiederhergestellt werden mußte; die deutsche Version entspricht nicht dem „similitudinem... *restituit*“ im Zusammenhang mit der vorherigen Aussage „similitudinem...*amisit*“, auch wenn das griechische Original hier mit der Verbform „*katestēse*“ etwas weniger eindeutig gewesen sein sollte.

gnadenhafte imago Dei die Erfüllung der strukturalen, natürlichen Imago, die auf diese Erfüllung immer ausgerichtet ist" (a. O. 230) Ob Kardinal Scheffczyk mit diesem Lösungsversuch den biblischen Befund von Gen 1,26 f. mit Blick auf den Sündenfall und seine Folgen trifft, dem er offenbar durch seinen Neuansatz besser als bisher gerecht werden will, – es fehlt immerhin beispielsweise die Einordnung des Begriffs „similitudo" - ist fraglich. Jedenfalls scheint es mir schon angesichts der Fülle der vorgelegten, oft widersprechenden Interpretationsansätze ausgeschlossen zu sein, den zugrundeliegenden Bibelvers im Rahmen der Offenbarung rein nach der sog. historisch-kritischen Methode ohne Hinzunahme der kirchlichen Tradition auszulegen. Noch größeren Zweifel habe ich, ob auf besagte Weise das katholische Dogma, vor allem die notwendige Unterscheidung (freilich nicht Trennung!) von Natur und Gnade einleuchtender und überzeugender verkündet wird.[38]
Immerhin scheint auch Scheffczyk später sein „Modell" noch einmal überdacht zu haben.[39] Denn in seinem Beitrag „Grundfragen christlicher Anthropologie" zu den Referaten der Theologischen Sommerakademie 2001 des Linzer Priesterkreises in Aigen/M.[40] nimmt er eine gewisse Korrektur an seinem Konzept vor und nähert sich wieder der traditionellen katholischen Sichtweise an: „Das katholische Glaubensdenken hat im Gegensatz zum protestantischen die Gottebenbildlichkeit des Menschen mit der Erschaffung des Menschen als Naturwesen zusammengebracht und als natürliches Imago-Sein bezeichnet. Davon hob schon Irenäus von Lyon († 202)

---

[38] Eine sehr vorsichtige Kritik an Scheffczyk äußerte Manfred Hauke, der zwar seinem „personalen Ansatz" prinzipiell zustimmte, aber den insgesamt zweifellos bedeutenden Gelehrten in einer Hinsicht vorsichtig korrigierte: „Allerdings wird die ‚klassische Theologie' im Lehrbuch unseres Theologen etwas knapp dargestellt: Augustinus und Thomas von Aquin, die gewichtigsten Vertreter der theologischen Tradition zur Gottebenbildlichkeit, sehen die geistigen Fähigkeiten des Menschen keineswegs als bloß neutrale Faktoren, sondern in ihrer Hinordnung auf die Erkenntnis und die Liebe Gottes." (Ganz und gar katholisch: Ein erster Einblick in das theologische Werk von Leo Cardinal Scheffczyk, Buttenwiesen 2003, 77).

[39] Weitere Literatur zur Auseinandersetzung Leo Scheffczyks mit der Erbsünde findet man bei Martin Lugmayr, Gottes erstes Wort. Untersuchungen zur Schöpfungslehre bei Leo Scheffczyk, Kisslegg 2005, v. a. 82-84. Die Bibliographie aller Werke Scheffczyks zwischen 1986 und 2005 hat Johannes Nebel FSO zusammengetragen (Forum Kathol. Theol. 22/2006, 37-80).

[40] Franz Breid (Hrsg.), Der Mensch als Gottes Ebenbild: christliche Anthropologie, Buttenwiesen 2001, 17.

eine qualitativ noch höhere Gottebenbildlichkeit ab, die er mit dem Begriff des Gleichnisses (similitudo) kennzeichnete. Auch wenn die Unterscheidung mit Hilfe der biblischen Begriffe ‚Bild' und ‚Gleichnis' problematisch erscheint, ist sie doch in der Sache begründet, weil in ihr die für den Glauben unentbehrliche Differenz von Natur und Gnade zum Ausdruck kommt." Und zwei Jahre später äußerte Scheffczyk in einem umfangreichen Gespräch ohne Umschweife, daß die Gottebenbildlichkeit „im katholischen Denken noch in eine natürliche (‚imago') und gnadenhaft-übernatürliche (‚similitudo') Ebenbildlichkeit differenziert wird".[41]

An dieser Unterscheidung ist unbedingt festzuhalten. Sonst verfällt man leicht entweder in supranaturalistische oder in naturalistische Irrtümer. Dann ist eben alles Gnade oder alles Natur! Diese an sich entgegengesetzten Ansätze führen beide wiederum dazu, daß Natur und Gnade sogar zusammenfallen. Auf einer solchen Basis konnte dann der heutige Aktivismus auf ökumenischem und interreligiösem Gebiet aufbauen. Daher kann man nicht oft genug die modernen theologischen Verzerrungen und deren Konsequenzen anprangern und ihnen die wahre christliche Lehre entgegenstellen. So verwahrte sich P. Matthias Gaudron in einem lesenswerten Aufsatz auch gegen die heute übliche verkürzte Sichtweise der traditionellen Gnadenlehre: „Die großen Theologen haben Natur und Übernatur nie als zwei zusammenhanglose Stockwerke aufgefaßt, sondern immer die Harmonie zwischen beiden gesehen und gelehrt."[42]

St. Irenäus wurde in „Evangelium vitae" gegen seine Aussageabsicht zitiert

Daß Papst Johannes Paul II. nicht sauber zwischen Natur und Gnade schied, sieht man auch in manchen anderen Aussagen. Besonders deutlich wird diese Tendenz an einem Zitat aus dem Werk des hl. Irenäus von Lyon, das immer wieder in seinen Texten begegnete. In „Evangelium vitae" 34 führte der römische Pontifex aus: „Das Leben ist immer ein Gut. Das ist eine intuitive Ahnung oder sogar eine Erfahrungstatsache, deren tiefen Grund zu erfassen der Mensch

---

[41] Leo Kardinal Scheffczyk, Entschiedener Glaube – befreiende Wahrheit. Ein Gespräch über das Katholische und die Kirche mit Peter Christoph Düren, Buttenwiesen 2003, 91.

[42] P. Matthias Gaudron FSSPX, Natur und Übernatur: Worin besteht ihr gegenseitiges Verhältnis? In: Rundbrief für die Priesterfreunde der Priesterbruderschaft St. Pius X. im deutschen Sprachraum, 18/2008, 44.

berufen ist. *Warum ist das Leben ein Gut?* Die Frage durchzieht die ganze Bibel und findet bereits auf ihren ersten Seiten eine wirkungsvolle und wunderbare Antwort. Das Leben, das Gott dem Menschen schenkt, ist anders und eigenständig gegenüber dem eines jeden anderen Lebewesens, weil der Mensch, auch wenn er mit dem Staub der Erde verwandt ist (vgl. *Gen* 2,7; 3,19; *Ijob* 34,15; *Ps* 103 [102],14; 104 [103],29), *in der Welt Offenbarung Gottes, Zeichen seiner Gegenwart, Spur seiner Herrlichkeit ist* (vgl. *Gen* 1,26-27; *Ps* 8,6). Das wollte auch der hl. Irenäus von Lyon mit seiner berühmten Definition unterstreichen: ‚Der lebendige Mensch ist die Herrlichkeit Gottes'. Dem Menschen wird *eine erhabene Würde* geschenkt, die ihre Wurzeln in den innigen Banden hat, die ihn mit seinem Schöpfer verbinden: im Menschen erstrahlt ein Widerschein der Wirklichkeit Gottes selbst."[43] Das entscheidende Zitat aus Irenäus von Lyon lautet in der lateinischen Fassung zusammen mit dem Kontext der Enzyklika: „Quae quidem sanctus Irenaeus Lugdunensis in lucem proferre voluit ea pernota definitione: ‚Gloria Dei vivens homo.'"[44]
Der Satz des hl. Irenäus wird also hier in der Interpretation Johannes Pauls II. eindeutig auf *jeden Menschen* bezogen, keineswegs nur den Christen. Wie ist es nun aber möglich, daß der bekannte Patrologe Adalbert Hamman mit Blick auf eben die vom Papst angeführte Stelle aus Irenäus Adv. Haer. 4,20,7 behauptet, der Kirchenvater habe den *Christen* als „lebendige Ehre Gottes" bezeichnet?[45] Abgesehen davon,

[43] Zitat nach: Verlautbarungen des Apostolischen Stuhls Nr. 120 vom 25 März 1995, 44

[44] Lateinisches Zitat nach: Enchiridion delle Encicliche 8: Giovanni Paolo I - Giovanni Paolo II (1978-2003), Edizione bilingue, Bologna 2003, Nr. 1912, S. 1488.

[45] Adalbert Hamman - Alfons Fürst, Kleine Geschichte der Kirchenväter, Freiburg/B. 2004, 39. Hammans lesenswertes Bändchen, in dem die kirchlichen Autoren anschaulich, und zwar auch mit ihren menschlichen Stärken und Schwächen vorgestellt wurden, ist jetzt dankenswerterweise von Alfons Fürst neu in deutscher Sprache herausgegeben worden. Das Vorwort des Editors, der in Münster künftige katholische Theologen ausbildet, ist allerdings in einem Punkte als geradezu skandalös zu bezeichnen, nämlich wenn der Gelehrte die Kategorien von Rechtgläubigkeit und Häresie, nach denen Hamman noch sein Werk verfaßt hat, als überholt bezeichnet (a. O. 13 f.). Eine solche Distanzierung von zweitausend Jahren katholischer Kirchengeschichte sei ihm, dem Kirchenhistoriker, als Privatmeinung gestattet, im Namen der Kirche darf er so etwas nie und nimmer verkünden. Denn die lehrt etwas anderes (auch heute noch, siehe z. B. Cann. 751 und 1364 CIC/1983) und wird es bis zum Jüngsten Tage so lehren! Leider handelt es sich hier um keinen einmaligen Ausrutscher, sondern ähnliche Merkwürdigkeiten verkündete Fürst bei seiner Antrittsvorlesung in Münster gleichsam als sein Lehr - und Forschungsprogramm. In diesem Zusammenhang charakterisierte er beispielsweise, weil ihm offenbar das den Kirchenvätern eigene Bewußtsein für die Schwere jeder Sünde abgeht, Augustins Confessiones als

daß bei Hamman das lateinische Adjektiv „vivens“ („lebendig“) fehlerhaft auf „gloria“ („Ehre“, besser im Anschluß an das letztlich dahinterstehende hebräische Wort „kawod“: „Herrlichkeit“) statt auf „homo“ („Mensch“) bezogen wird, zu dem es in Wirklichkeit gehört[46], hat der Patrologe, der lange in Kanada wirken durfte, recht. Der Grund ist ein einfacher: Er faßte die gesamte Passage ins Auge, der verstorbene Papst hingegen nur das zitierte Kolon.

Der angeführte Satz lautet nämlich mit seinem unmittelbaren Umfeld so: „Gloria enim Dei vivens homo, vita autem hominis visio Dei. Si enim, quae est per conditionem, ostensio Dei vitam praestat omnibus in terra viventibus, multo magis ea, quae est per Verbum, manifestatio Patris vitam praestat his, qui vident Deum.” – „Denn die Herrlichkeit Gottes ist der lebendige Mensch, das Leben des Menschen aber liegt in der Schau Gottes. Wenn nämlich (schon) die (natürliche!) Sichtbarmachung Gottes, die sich durch die Schöpfung ereignet, allen, die auf der Erde leben, Leben verschafft, (dann) verschafft die (übernatürliche) Offenbarung des Vaters, die sich durch das Wort (d. h. den Logos, den Sohn) ereignet, noch viel mehr denen das Leben, die Gott schauen.“ (eigene Übersetzung) Also ist mit dem eigentlichen, dem höheren Leben, d. h. der übernatürlichen Existenz, die Schau Gottes verbunden. Und die ist offenkundig nicht gemeinsames Gut aller Menschen! Denn die (natürliche) Offenbarung Gottes durch die Schöpfung (vgl. Sap. 13,1-9; Röm 1,20, siehe I. Vatikanum, DH 3026) verschafft ihrerseits *allen* Menschen auf Erden das (natürliche) Leben: „(vitam praestat) omnibus in terra viventibus“. Bei der (übernatürlichen) Offenbarung durch Christus heißt es aber nicht etwa ebenso: „(vitam praestat) omnibus in terra viventibus“, sondern einschränkend: „(vitam praestat) his, qui vident Deum“ – „(sie verschafft Leben) denen, die Gott schauen“. Und diese „visio Dei“, diese „Schau Gottes“ ist das eigentliche Leben des Menschen, wie wir am Anfang lesen („vita autem hominis visio Dei“): Hier schließt sich der Kreis zum ersten Satz. Und nur der in dieser

---

„monströse Schwarzweißmalerei“. Siehe Christian Gnilka, Prudentinana III: Supplementum, München-Leipzig 2003, 98.

[46] Siehe auch die moderne griechische Rückübersetzung des Textes, der uns nur in lateinischer Version überliefert ist: „Doxa gar Theou zōn anthrōpos, zōē de anthrōpou horasis Theou.“ (Irénée de Lyon, Contre les hérésies. Livre IV, édition critique sous la direction de Adelin Rousseau, SC 100/1965, 649).

Hinsicht lebendige Mensch ist „gloria Dei", Herrlichkeit Gottes, also nicht jeder Erdenbürger!

Hat man diesen Zusammenhang einmal durchschaut, so steht einem auch noch klarer vor Augen, daß „gloria" nicht mit „Ehre" oder „Ruhm", sondern mit „Herrlichkeit" wiedergegeben werden sollte: Der die Herrlichkeit, den Glanz Gottes schauende Mensch spiegelt eben diesen Glanz, diese Herrlichkeit Gottes, die „Kawod Jahwe/Adonai", wider. „Doxa" (lateinisch „gloria") ist ein zentraler Begriff des Johanneischen Werkes[47], und es ist bekannt, daß Irenäus von Lyon gerade auf das Evangelium des hl. Johannes zurückgreift.[48] Denn schließlich war er als Schüler Polykarps gleichsam ein geistiger Enkel des Lieblingsjüngers Jesu.[49]

Im übrigen ist Irenäus auch sonst die Unterscheidung von Natur und Übernatur, d. h. Gnadenleben, durchaus vertraut. Wir finden bei ihm bereits, wie wir sahen, ansatzweise, wenn auch nicht völlig identisch, die spätere feste katholische Lehre, nach der eben durch den Sündenfall zwar die „imago", das Bild Gottes (nach Gen 1,26 f. VULG), erhalten blieb, wenn auch nur in verwundetem Zustand, die „similitudo", das „Gleichnis" oder die „Ähnlichkeit" aber verlorenging.[50] Spätere Autoren folgten diesen Ansätzen und bauten sie weiter aus.[51] Papst Johannes Paul II. scheint diesen für die

---

[47] Allein 18 Belege im Johannes-Evangelium (öfter auf den irdischen Jesus bezogen) gegenüber nur 28 Belegen bei den Synoptikern und der Apostelgeschichte zusammen, meistens in der Bedeutung „Herrlichkeit", „Glanz", aber einige Male auch im Sinne von „Ehre". In der klassischen Bedeutung „Meinung" kommt „doxa" übrigens im NT gar nicht vor. Siehe ThWNT 2/1935, 236-255, v. a. 252; Exegetisches Wörterbuch zum Neuen Testament, hg. von Horst Balz und Gerhard Schneider, [2]1992, 832-841, v. a. 839. Christus gibt nach Joh 17,22 die „Herrlichkeit" seinen Jüngern weiter, die er von seinem göttlichen Vater erhalten hat.

[48] So berief sich Irenäus gegen die Gnostiker z. B. auf den Prolog des Johannes-Evangeliums (Adv. haer. 1, 8, 5-9,3), in dem ja gerade auch die „Doxa", die „Herrlichkeit" des inkarnierten Logos in seiner Erscheinung vor den Menschen betont wird (Joh 1,14).

[49] Das betonte der hl. Irenäus selbst in einem Brief an den Häeretiker Florinus, den er zum wahren Glauben zurückführen wollte. Der Brief ist in die Kirchengeschichte des Eusebius inkorporiert (5,20,4-8, vgl. auch Hammann/Fürst, Kleine Geschichte der Kirchenväter, 33 f.). Dabei beharrte der Märtyrer ausdrücklich darauf, sich noch gut an Details im Umgang mit Polykarp während seiner eigenen Jugendzeit erinnern zu können, der wiederum seine Lehre im direkten Kontakt mit den Aposteln, vor allem mit dem hl. Johannes, erhalten hatte. Hier liegt ein beeindruckendes Zeugnis für die Bedeutung einer mündlichen Tradition im frühen Christentum vor, die sich über mehr als 150 Jahre bei nur wenigen Überlieferungsträgern erstreckt. Vgl. Verf., Die katholische Lehre von den zwei Quellen der Offenbarung, UVK 40/2010, 29-125, v. a. 83-97.

[50] Manfred Hauke, Heilsverlust in Adam, v. a. 222-226; 241.

[51] Hauke a. O., z.B. 333-336.

Unterscheidung von Natur und Gnade so wichtigen Ansatz um seiner Tendenzen zur Allerlösung willen aufgegeben bzw. zumindest abgeschwächt zu haben. So geschah es eben auch im oben aus „Evangelium vitae“ Nr. 34[52] zitierten Text, wo u. a. mit Bezug auf die Genesisverse 1, 26 f. jeder Mensch als *Offenbarung Gottes, Zeichen seiner Gegenwart und Spur seiner Herrlichkeit* bezeichnet wurde - was natürlich nicht in sich falsch ist, aber nicht der ganzen Wahrheit entspricht.

Betrachtet man also den Kontext der von Johannes Paul II. aus Irenäus verkürzt zitierten Aussage, wird völlig klar, daß derjenige mit dem „lebendigen Menschen“, der die „Herrlichkeit Gottes“ sein soll, gemeint ist, der Gott schaut - unscharf und noch vom Geheimnis umhüllt und nur aufgrund des Glaubens schon hier auf Erden, von Angesicht zu Angesicht jedoch in der ewigen Herrlichkeit (1 Kor 13,12). Schön ist dieser Zusammenhang zwischen dem Glauben als dem Beginn des ewigen Lebens (Joh 17,3) aufgrund der Teilhabe an Gottes Natur durch seine Gnade (2 Petr 1,4) und der späteren Vollendung in der Tagesoration vom Epiphaniefest ausgedrückt: „Deus, qui hodierna die Unigenitum tuum gentibus stella duce revelasti: concede propitius; ut, qui jam te ex fide cognovimus, usque ad contemplandam speciem tuae celsitudinis perducamur“ - „Gott, du hast am heutigen Tage Deinen eingeborenen Sohn den Heidenvölkern durch die Führung des Sterns geoffenbart: Gewähre gnädig, daß wir, die wir Dich schon aufgrund des Glaubens erkannt haben, zur Anschauung des Glanzes Deiner Erhabenheit geführt werden.“ Mit wunderbaren Worten - und einer nicht minder herrlichen Choralvertonung! - hat Johann Sebastian Bach dem geheimnisvollen Zusammenhang zwischen der irdischen, vorläufigen Teilhabe an Glanz und Herrlichkeit Gottes und deren Vollendung in der Ewigkeit in seinem Weihnachtsoratorium Ausdruck verliehen, wenn er die Sänger den neugeborenen Retter angesichts des Sternes von Bethlehem preisen läßt: „Dein Glanz all Finsternis

[52] Es gibt übrigens streng genommen auch gar kein "Evangelium vom *natürlichen* Leben“, um dessen Schutz es ja Johannes Paul II. in „Evangelium vitae“ ging, sondern die Frohe Botschaft unseres Herrn soll der Weckung übernatürlichen Gnadenlebens in den Seelen der Menschen dienen. Zu Recht hat Msgr. Bernard Tissier de Mallerais gegen die päpstliche Enzyklika den Vorwurf erhoben, hier abermals eine ständige unzulässige Vermischung zweier unbedingt voneinander zu unterscheidender Ebenen vorgenommen zu haben. Siehe den Aufsatz "Das neue Evangelium Johannes Pauls II." in: Mitteilungsblatt der Priesterbruderschaft St. Pius X. 199(Juli)/1995, 12-17.

verzehrt, Die trübe Nacht in Licht verkehrt. Leit uns auf deinen Wegen, Daß dein Gesicht Und herrlich's Licht Wir ewig schauen mögen."[53] Der zu solcher Herrlichkeit bestimmte Mensch ist also nur derjenige, der Christus (in dem Maße, wie er ihn erkennen kann) folgt, eine Glaubenswahrheit, die uns auch der Herr selbst offenbart hat: „Ich bin der Weg, die Wahrheit und das Leben. Niemand kommt zum Vater außer durch mich." (Joh 14,6) – „Wer den Sohn nicht ehrt, ehrt den Vater nicht, der ihn gesandt hat." (Joh 5,23). Der Sohn ist es schließlich, durch den die Menschen erleuchtet werden.

Nun möchte vielleicht der eine oder andere Zeitgenosse den verstorbenen Papst gegen meine Kritik verteidigen, indem er argumentiert, solch ein Interpretationsfehler wie der am Text des Irenäus könne doch nun einmal unterlaufen, man solle diesen Befund nicht allzu hoch einschätzen. Doch dieser Ausweg ist verbaut. Man muß nämlich eine andere Stelle hinzunehmen, die m. W. bisher nicht in diesem Zusammenhang beachtet worden ist. In der Heilig Geist-Enzyklika „Dominum et vivificantem" Nr. 59 lesen wir: „Potest igitur vere illud iterari: 'Gloria Dei vivens homo, vita autem hominis visio Dei': homo nempe vitam divinam agens, est gloria Dei: cuius vitae et gloriae Spiritus Sanctus est abditus dispensator."[54] Auf Deutsch lautet der Text in der offiziellen Fassung nach der Homepage des Vatikan[55]: „Man kann also zu Recht wiederholen, daß ‚die Ehre Gottes der lebendige Mensch, das Leben des Menschen aber die Schau Gottes ist': Der Mensch ist, indem er ein göttliches Leben lebt, die Ehre Gottes, und der Heilige Geist ist der verborgene Ausspender dieses Lebens und verleiht diese Ehre." Selbstverständlich müßte hier wieder überall „gloria" mit „Herrlichkeit" statt mit „Ehre" wiedergegeben werden.

Hier ist also eindeutig der Christ gemeint, der aus der Gnade des Heiligen Geistes lebt! Hat Johannes Paul II. sich also später korrigiert? Dagegen steht die Chronologie: *Dominum et vivificantem* erschien am 18. Mai 1985, *Evangelium vitae* hingegen erst am 25. März 1995. Hatte der Papst das richtige Verständnis der Irenäuspassage einfach vergessen? Dagegen spricht, daß ja in *Evangelium vitae* Nr. 34, wo der Text falsch ausgelegt wird, das Zitat innerhalb des Satzgefüges genau da abbricht,

---

[53] Am Sonntag nach Neujahr, Nr. 46 Choral. Zur theologischen Konzeption von Bachs Weihnachtsoratorium siehe: Stefan Peter, Zur Christusfrömmigkeit im Weihnachtsoratorium Johann Sebastian Bachs, Köln 2000.

[54] Lateinische Fassung zitiert nach: Enchiridion delle Encicliche 8, Nr. 586, S. 560.

[55] www.vatican.va/edocs/DEU0130/_PJ.HTM

wo es klar wird, daß Irenäus das übernatürliche Leben meint; in der früheren Enzyklika wird der Text, der nun korrekt gedeutet ist, hingegen vollständig zitiert. Manipulierte Papst Johannes Paul II. demnach Kirchenvätertexte so, wie er sie in einem Kontext brauchte? Es bleibt noch eine andere Lösung übrig, die ein hohes Maß an Wahrscheinlichkeit für sich beanspruchen kann, aber dem verstorbenen Pontifex bestimmt nicht mehr schmeichelt: Alle Menschen sind nicht nur der Suffizienz nach, sondern effektiv von Christus erlöst, sie leben alle in der Gnade Gottes, und insofern gibt es zwischen beiden Deutungsansätzen zur Irenäus-Stelle überhaupt gar keinen Widerspruch! Und wenn man sich den Kontext der Stelle aus der Heilig - Geist - Enzyklika anschaut, so ist eine solche Deutung gar nicht ganz abwegig.

Deutung von Gen 1, 26 f. durch Papst Johannes Paul II.

Kommen wir noch einmal auf die zentrale Stelle Gen 1,26 f. zurück, um die es immer wieder geht, wenn der verstorbene Papst über die Würde des Menschen sprach.[56] Wie verstand sie nun Papst Johannes Paul II.? Wollte er sich die modernen Ansichten der Bibelwissenschaftler, die ja wie gesagt stark voneinander abweichen, zu eigen machen? Jedenfalls ist es vom dogmatischen Standpunkt - und im katholischen Denken

[56] Das älteste christliche Zeugnis für die Menschenwürde (2. Hälfte 2. Jh.) bezieht sich ausdrücklich auf Gen 1,27: Theophilus von Antiochien, Ad Autolycum 2,18. Weiteres zur Menschenwürde als christlichem Konzept siehe Verf., „Im Bewußtsein seiner Verantwortung vor Gott und den Menschen" (Präambel des Grundgesetzes) - Die christliche Grundprägung unseres Staates in Theorie und Praxis, *Civitas* 8/2010, 3-83. Die Würde des Menschen ist hier auf Erden entsprechend seiner fortdauernden, wenn auch geschwächten *imago Dei* - Qualität gesichert; sie ist niemals ganz zerstörbar und muß von allen Individuen und Institutionen respektiert werden. Aber, wie beispielsweise verschiedene überlieferte Texte der katholischen Liturgie klar aussagen, kann die Menschenwürde sehr wohl durch die Sünde in all ihren Formen beschädigt werden. Siehe Verf., Zur Pastoralkonstitution des II. Vatikanums, in: Kirchliche Umschau 11,7-8/2008, 15 f. In seinem Konzept von der Menschenwürde dürfte auch eine wichtige Wurzel für den Versuch Papst Johannes Pauls II. liegen, die traditionelle Lehre über „imago et similitudo Dei" zu verändern.

Später bin ich auf die Problematik noch einmal ausführlicher eingegangen: Ursprung und Wesen der Menschenwürde, DIE NEUE ORDNUNG, Sonderheft 2018, In memoriam Joachim Kardinal Meisner, 71-117; der Text kann im Netz unter dem Stichwort DIE NEUE ORDNUNG kostenlos heruntergeladen werden. Es existiert auch eine lateinische Fassung meines Beitrags in der „Vox Latina" (*De origine et natura dignitatis humanae*, 54,211/2018, 92-107; 54,212/2018, 190-207).

sind Exegese und Dogma niemals voneinander zu trennen![57] - höchst bedenklich, wenn der Papst exakt jene beiden Termini wählte, die seit vielen Jahrhunderten im Zusammenhang mit der Folge des Sündenfalls in der katholischen Theologie benutzt worden waren. Selbst in der modernen Liturgie vom Karfreitag heißt es zur Eröffnung noch wie vor dem II. Vatikanum (wenn auch nur als eine von zwei Gebetsmöglichkeiten; der andere Text, unter Pius XII. als eines der drei Schlußgebete nach der Kommunionfeier eingeführt, spricht vom „paschale mysterium", dem „Pascha- bzw. Ostergeheimnis"[58], das Christus durch sein Blut eingesetzt hat): „Deus, qui peccati veteris hereditariam mortem, in qua posteritatis genus omne successerat,

[57] In der ihm eigenen vornehm zurückhaltenden und differenzierenden Art hat der katholische Neutestamentler Marius Reiser diese hermeneutische Grundregel noch einmal mit den Worten bekräftigt: „Aber kann man es aus wissenschaftlichen Gründen einem Theologen verwehren, das Grundbuch seines Glaubens mit dem Kompass der Glaubensregel zu deuten, den ihm die Tradition an die Hand gibt? Vorausgesetzt, daß diese Glaubensregel, wie die Tradition behauptet, lediglich die der Bibel selbst entnommene Quintessenz ist, entsteht kein innerer Widerspruch, wenn ich verlange, daß eine theologische Deutung der biblischen Texte sich grundsätzlich in Rahmen dieser aus ihnen abgeleiteten Glaubensregel zu halte habe." (Die Auswirkung der Aufklärung auf die Bibelauslegung, am Beispiel Johann Wolfgang von Goethes, Trierer Theologische Zeitschrift 118/2009, 63-77, hier 76).

[58] Der Begriff kommt schon in der traditionellen katholischen Liturgie auch sonst vor, z.B. in der Tagesoration vom Freitag in der Osterwoche, also gleichsam dem „Oktavtag" vom Karfreitag, wo lediglich für das griechische Fremdwort „mysterium" der lateinische Begriff „sacramentum" steht: „Omnipotens sempiterne Deus, qui *paschale sacramentum* in reconciliationis humanae foedere contulisti..." – „Allmächtiger, ewiger Gott, Du hast das *Ostergeheimnis* im Versöhnungsbunde mit der Menschheit gestiftet..." (Übersetzung nach „Schott"-Meßbuch). „Paschale sacramentum" las man ebenso in den Orationen nach der dritten und der siebten Prophetie gemäß der vorpianischen Osterliturgie vom Karsamstag. „Mysteria paschalia" im Plural steht im Stillgebet des Priesters (Sekret) am Ostersamstag (Sabbato in albis). Gegen die Konzeption des „paschale mysterium" ist überhaupt nichts einzuwenden, wenn bei der Auferstehung Christi nicht sein vorangehender Erlösungstod vergessen oder in seiner Bedeutung relativiert wird, wie dies heute in der modernen Theologie nicht selten geschieht. Von daher gesehen hat man vielleicht ein unglückliches, da mißverständliches Zeichen gesetzt, als man verfügte, daß in der reformierten Liturgie das ganze Jahr über die Osterkerze bei der hl. Messe zu brennen hat, obgleich man diesen Brauch nicht als theologisch direkt falsch bezeichnen kann. Jedenfalls gibt es kein Ostereignis ohne vorangehendes Karfreitagsgeschehen, das seinerseits in der Göttlichen Liturgie durch die Hand des Priesters gegenwärtig gesetzt wird, wie allerdings umgekehrt auch der Opfertod von Golgotha heilsgeschichtlich keinen Wert gehabt hätte, wenn Jesus Christus nicht von den Toten wiederauferstanden wäre. Somit wird zu Recht in der überlieferten hl. Messe auch der Auferstehung und ebenso der glorreichen Himmelfahrt des Herrn als der Vollendung seines Erlösungswerkes in der Anamnese des Kanons unmittelbar nach der Wandlung gedacht: „Und et memores..., nec non et ab inferis resurrectionis, sed et in caelos gloriosae ascensionis..." Ähnliches liest man im traditionellen Opferungsgebet „Suscipe, Sancta Trinitas..."

Christi Filii tui, Domini nostri, passione solvisti, da, ut conformes eidem facti, sicut imaginem terreni hominis naturae necessitate portavimus, ita imaginem caelestis gratiae sanctificatione portemus. Per Christum Dominum nostrum."[59] Die offizielle Übersetzung lautet[60]: "Allmächtiger, ewiger Gott, durch das Leiden deines Sohnes hast du den Tod vernichtet, der vom ersten Menschen auf alle Geschlechter übergegangen ist. Nach dem Gesetz der Natur tragen wir das Abbild des ersten Adam an uns; hilf uns durch deine Gnade[61], das Bild des neuen Adam[62] in uns auszuprägen und Christus ähnlich zu werden[63], der mit dir lebt und herrscht in alle Ewigkeit."

---

[59] Missale Romanum, ex decreto Sacrosancti Oecumenici Concilii Vaticani II instauratum, auctoritate Pauli PP. VI promulgatum, editio typica altera, Libreria Editrice Vaticana MCMLXXV, 250 sq.

[60] Zitat nach: Textbuch Gemeindemesse, mit Einführungen herausgegeben vom Deutschen Liturgischen Institut in Trier, Augsburg 1997, 198.

[61] Im „Schott-Meßbuch" von 1962 heißt es: „geheiligt aus Gnade". Der Begriff „sanctificatione" sollte gerade in einem Zeitalter nicht völlig übergangen werden, in dem sich selbst Kirchenvertreter mit der Heiligung des Lebens schwer tun, die aber die Aufgabe jedes Christen ist (1 Thess 4,3) und zu der er sich im richtig verstandenen Sinn von der „Welt" (insofern als sie der Sünde verfallen ist) fernhalten muß (Röm 12,2; Jak 4,4). Wünschenswert wäre es ferner, daß der formale Parallelismus in der inhaltlichen Antithese „naturae necessitate - gratiae sanctificatione" bei der deutschen Übersetzung berücksichtigt würde.

[62] Hier liegt eine interpretierende Übersetzung vor, die aber aus theologischer Perspektive nicht zu beanstanden ist. Näher am lateinischen Wortlaut orientiert müßte es heißen: „das Bild des irdischen Menschen - das Bild des himmlischen (Menschen)." Im Ritus der von Pius XII. reformierten Karwoche - vorher hatte an dieser Stelle gar keine Oration gestanden, die Liturgie begann sogleich mit der ersten Lesung - hatte man im Lateinischen ein etwas anderes Gebet gesprochen: „da, ut, conformes eidem facti, sicut imaginem terrenae naturae necessitate portavimus, ita imaginem caelestis gratiae sanctificatione portemus." - „Die wir nach unabwendbarem Los das Bild der irdischen Natur tragen sollten, verleihe uns, da wir gleichförmig geworden sind Deinem Sohne, nun auch das Bild des himmlischen Menschen in uns zu tragen, geheiligt aus Gnade." (so die Übersetzung nach dem „Schott-Meßbuch"). Wie sich nun im Nebensatz zweiten Grades, der mit „sicut" eingeleitet wird, „terrenae" auf „naturae" bezog, müßte man in der Fortführung des ut-Satzes mit „ita" entweder ebenfalls das Substantiv „naturae" zum Adjektiv „caelestis" ergänzen, der Genitiv „gratiae" würde dann zu „sanctificatione" gehören (so die zitierte halboffizielle deutsche Übertragung, die sich aber mit der Formulierung „das Bild des himmlischen Menschen" ein wenig von der lateinischen Vorlage entfernt, jedoch den Sinn in etwa trifft). Näher läge es, das Adjektiv „caelestis" mit dem Substantiv „gratiae" zusammenzunehmen, das dann natürlich nicht mehr als Genitivattribut zu „sanctificatione" zur Verfügung stände.

In einem mir vorliegenden Missale vom Jahre 1963 (hg. von Pustet in Regensburg) las man zwar auch schon „terreni" statt „terrenae", aber es fehlte das Substantiv „hominis". Zunächst könnte man an einen Druckfehler durch Veränderung des Schlußvokals denken, wogegen immerhin spricht, daß zwischen „terreni" und „naturae necessitate" ein Komma gesetzt ist. Allerdings wäre es möglich, daß „hominis" mechanisch ausge-

Noch zwei kleine philologische Bemerkungen zu der deutschen Formulierung „...durch das Leiden deines Sohnes hast du den Tod vernichtet, der vom ersten Menschen auf alle Geschlechter übergegangen ist“! Zum einen fehlt aus unerfindlichen Gründen „Christi, unseres Herrn“. Dafür sind am Anfang des Gebetes, ebenso von der Vorlage abweichend, zu „Gott“ noch die Attribute „allmächtiger, ewiger“ hinzugefügt. Diese Veränderungen sind zwar theologisch wenig relevant – einem bedenklicheren Fall werden wir sogleich noch begegnen. Trotzdem haben wir auch hier zwei – zugegebenermaßen harmlose – Beispiele aus hunderten weiteren für die Notwendigkeit vorliegen, das Meßbuch neu und angemessener zu übertragen, wie es das vatikanische Dokument „Liturgiam authenticam“ vom 28. März 2001 (Lateinisch-deutsche Ausgabe in: Verlautbarungen des Apostolischen Stuhls 154/2001) mit Blick auf das sog. „Missale 2000“ forderte. Wann wird dies endlich in zuverlässiger deutscher Übersetzung erschei-

---

fallen ist. Andernfalls müßte das Adjektiv wohl substantiviert aufgefaßt werden, vermutlich als Maskulinum, was sprachlich nicht restlos befriedigt. Aber dieser Text ist tatsächlich authentisch. Denn er läßt sich für bestimmte liturgische Traditionen früherer Jahrhunderte nachweisen: Damals wurde er teils als Oration hinter der dritten Lesung vom Karsamstag, teilweise als Oration hinter dem ersten Responsorium vom Karfreitag gebetet bzw. gesungen (Corpus Orationum, Tomus III, CCSL CLX B, Turnholti 1993, Nr. 1962, S. 121). Die uns sprachlich etwas bedenklich erscheinende Formulierung, zu der in der Corpus Christianorum-Ausgabe trotz einer großen Zahl angegebener Codices keine „varia lectio“, keine abweichende Lesart notiert wird, ist beinahe wörtlich aus der Bibel übernommen: „Sicut portavimus imaginem terreni, portemus et imaginem caelestis.“ (1 Kor 15,49 VULG). Im Korintherbrief aber heißt es zuvor (V. 47): „Primus homo (=Adam, siehe V. 45) de terra, terrenus: secundus homo (= novissimus Adam, der Ausdruck bezieht sich primär auf Christus und dann auch auf seine treuen Jünger) de caelo, caelestis.“ So kann man in den Versen 1 Kor 15, 48 und 49 „homo“ aus dem vorangegangenen Kontext ergänzen, wenn dort auch nur „terrenus“ oder „caelestis“ steht. Bei der isolierten Zitation des Verses 49 innerhalb der Oration fällt diese Hilfe aus. Wohl aus diesem Grunde hat man dann bei der Liturgiereform zu „terreni“ das Substantiv „hominis“ hinzugefügt, so daß das Gebet besser verständlich ist. Nur auf der Basis des ursprünglichen isolierten „terreni“ ist die Umwandlung in „terrenae“ verständlich, wie es die Fassung von 1955 bot. Das Adjektiv schloß sich jetzt gut an „naturae“ an. Andererseits aber wurde so die schöne Parallele zwischen „naturae necessitate“ und „gratiae sanctificatione“ zerstört.

[63] Hier ist die prädikative Partizipialkonstruktion „conformes eidem facti“ ungünstig aufgelöst. Im Falle einer syntaktischen Beiordnung im Deutschen mit Hilfe eines weiteren Hauptsatzprädikates sollte dieser Gedanke vorangestellt werden. Denn die Verähnlichung mit Christus durch die Gnade, mit der man mitwirkt, ist Voraussetzung dafür, das Bild des „himmlischen Menschen“ bzw. des „neuen Adam“ an sich zu tragen, nicht dessen Folge. Das zeigt auch schon rein syntaktisch das Partizip „facti“, das im Perfekt (Passiv) steht und so die Vorzeitigkeit zum Prädikat „portemus“ ausdrückt. Die deutsche Fassung im „Schott-Meßbuch“ von 1962 hatte das Zeitverhältnis korrekt berücksichtigt (siehe vorige Anmerkung).

nen? Verfügt die Kirche in Deutschland überhaupt noch über Kräfte, die sowohl von ihrer integralen Treue zum katholischen Glauben als auch zugleich ihrer theologischen und philologischen Fachkompetenz her einem solchen Unternehmen gewachsen sind? Die permanente und hartnäckige Weigerung, endlich den horrenden Übersetzungsfehler „für alle" als Wiedergabe von „pro multis" in der Messe zu korrigieren, läßt Schlimmes ahnen. Mit vielleicht wenigen rühmlichen Ausnahmen (die der Bischöfe Mexikos und der USA sind mir bekannt) hat übrigens, soweit ich sehe, der gesamte Weltepiskopat die am 17. Oktober 2006 gesetzte Zweijahresfrist für die Korrektur der manipulierenden Übertragung im offenen Ungehorsam verstreichen lassen![64] Und auf ihrer Herbsttagung 2010 haben die deutschen Bischöfe beschlossen, „pro multis" weiterhin mit „für alle" übersetzen zu lassen.[65] Wie wird Rom auf diesen offenen Ungehorsam reagieren?

Eine zweite Abweichung vom Originaltext ist zu konstatieren. Wenn man, wie es mindestens bei einem liturgischen Gebrauchstext angemessen erscheint, eine zielsprachenorientierte Übersetzung favorisiert, ist dieser Unterschied zum Original allerdings in einer gewissen Hinsicht zu rechtfertigen. Denn „hereditariam mortem" läßt sich „wörtlich" kaum wiedergeben. Aber man kann es besser machen, als es hier geschehen ist! Im „Schott-Meßbuch" von 1962, das dieselbe Oration, lediglich in einer leicht anderen Fassung, enthält, heißt es an unserer Stelle: „das Erbe der alten Sünde, den Tod, der überge-

[64] Für die Frage der richtigen Übersetzung ist jetzt folgendes Bändchen grundlegend, in dem auch alle bis dato vorgelegten Untersuchungen berücksichtigt werden: Manfred Hauke, „Für viele vergossen" – Studie zur sinngetreuen Wiedergabe des pro multis in den Wandlungsworten, Augsburg 2008. Wir hoffen, daß die Bischöfe nun endlich dem Heiligen Vater gehorchen, der die Übertragung von „pro multis" mit „für alle", wodurch das Testament Christi verfälscht wird, aus der neuen Messe überall verbannt wissen will. Aber die Diskussion reißt nicht ab. Auch die Gegenseite hatte sich schon im Jahre 2007 mit einigen Aufsätzen in dem Sammelband *Gestorben für wen? Zur Diskussion um das „pro multis"* zu Wort gemeldet (hg. von Magnus Striet, Freiburg/B. 2007). Schon der Titel des Bändchens manipuliert den Leser, denn es geht ja nicht - jedenfalls nicht direkt - um den Tod Christi, sondern, wie es durch Haukes Formulierung klar wird, allein um die Wandlungsworte in der hl. Messe (es handelt sich um das *Bundes*blut!) und ihr korrektes Verständnis. Die „Allerlöser" aller Schattierungen und die dieser Ideologie zumindest Nahestehenden wissen aber, was auf dem Spiel steht!

[65] Regina Einig, Der Reformgeist weht durch Fulda, in: *Die Tagespost* vom 25. September 2010, S. 4. Übrigens äußerten sich die Bischöfe nach diesem Bericht gegenüber dem gesamten Unternehmen einer Neuübersetzung skeptisch!

gangen ist auf alle Geschlechter“. Der Vorteil dieser Version liegt darin, daß der Begriff „hereditaria“ unmittelbar berücksichtigt ist. Außerdem fällt auf, daß hier zusätzlich steht „der alten Sünde“. Beide Male, sowohl in der neuen wie auch in der alten Fassung, weist das lateinische Gebet die Formulierung „peccati veteris“ auf. Das traditionelle „Schott-Meßbuch“ berücksichtigt sie, im neuen deutschen Meßbuch fehlt sie. Das bestätigt geradezu meine These, daß man heute dem Begriff der Erbsünde in der katholischen Theologie eher skeptisch gegenübersteht.[66]

Abweichungen von der katholischen Erbsündenlehre in „Redemptor hominis“ Nr. 13

Wir hatten oben bereits aus der Enzyklika „Mulieris dignitatem“ (Nr. 6) den Satz zitiert: "Dieses für den Menschen wesentliche Abbild und diese Ähnlichkeit mit Gott wird von Mann und Frau als Gatten und Eltern an ihre Nachkommenschaft weitergegeben" ("Haec essentialis homini imago et similitudo Dei, a viro et muliere, uti coniugibus et genitoribus, eorum posteritati proditur", AAS 80/1988, 1662). Die Formulierung, vor allem zusammen mit den später in Nr. 9 vorgelegten Erklärungen, ließ immerhin Raum für eine gewisse Beschädigung des „Abbilds und der Ähnlichkeit mit Gott“. Anders sieht es in der Antrittsenzyklika „Redemptor hominis“ (Nr. 13) desselben Papstes aus. Dort hatte Johannes Paul II. ausdrücklich die „Unversehrtheit“ beider menschlicher Komponenten betont („*integra* permanet imago et similitudo Dei ipsius“)!

Wie sollte ein gläubiger Katholik, der so etwas liest, sich nicht in die Nähe der Irrlehre des Pelagius und seiner Schüler versetzt sehen, welche die Erbsünde und, damit verbunden, die Ungeschuldetheit der Gott ähnlich machenden Gnade und ihren Charakter als den eines völlig unverdienten Geschenks bestreitet, welche aber von der 2. Synode von Orange (529) unter weitgehender Rezeption der Augusti-

[66] Daß die Erbsünde und ihre Folgen trotzdem hier und da auch an anderen Stellen in der modernen Liturgie vorkommen, soll damit nicht bestritten werden. Siehe z. B. die Formulierung der Osterwasserweihe für den Fall, daß keine Täuflinge anwesend sind: „per ipsam [aquam] denique, quam Christus in Iordane sacravit, corruptam naturae nostrae substantiam in regenerationis lavacro renovasti“ (Missale Romanum, o. c. 285). Der Sache nach ist ja die Erbsünde auch in der modernen deutschen Übersetzung des Karfreitagsgebetes noch vorhanden, aber die Terminologie der lateinischen Urfassung ist eben deutlicher.

nischen Gnadenlehre als unkatholisch zurückgewiesen wurde? Einschlägig ist in unserem Zusammenhang vor allem der Kanon 1 (DH 371): Verurteilt wird dort, "wer sagt, der Mensch sei durch die Beleidigung der Übertretung Adams nicht ganz, d. h. dem Leib und der Seele nach, ‚zum Schlechteren gewandelt' (nach Augustinus, De nuptiis et concupiscentia 2,34,57[67]), sondern glaubt, die Freiheit der Seele habe unversehrt fortbestanden..." Ferner ist Kanon 5 in unserem Zusammenhang wichtig (DH 375). Dort wird über seinen Irrtum belehrt, "wer sagt, wie das Wachstum, so sei auch der Anfang des Glaubens und selbst die Neigung zur Gläubigkeit...nicht durch das Geschenk der Gnade... sondern von Natur aus in uns..." Von erstaunlicher Aktualität ist der letzte Satz dieses selben Kanons: „Wer nämlich sagt, der Glaube, mit dem wir an Gott glauben, sei natürlich, der behauptet, daß alle, die nicht zur Kirche Christi gehören, gewissermaßen Gläubige seien." Wird hier nicht die Lehre vom „anonymen Christentum" in gewisser Weise *avant la lettre* verurteilt? Wie klar hat man damals schon den engen Zusammenhang zwischen einer sauberen Gnadenlehre auf der einen Seite und einer sauberen Ekklesiologie (Lehre von der Kirche) und Soteriologie (Lehre vom Heil) auf der anderen durchschaut – im wesentlichen nicht anders als auch die modernen Theologen wie de Lubac und Rahner, die ihrerseits die Gnadenlehre gerade deshalb veränderten, damit sie die Lehre von der Kirche und vom Heil der Menschen im ökumenistischen und interreligiösen Sinne neu interpretieren konnten!

Auch wenn man den Kontext in *Redemptor hominis 13* berücksichtigt, ergibt sich kein anderes Bild: „Die Kirche kümmert sich um den Menschen in seiner individuellen, unwiederholbaren Wirklichkeit, in der unzerstörbar das Bild und Gleichnis Gottes enthalten ist[68] („Haec cura in hominem intenditur, quatenus realis eius existentia, unica neque iterabilis, respicitur, in qua integra permanet imago et similitudo Dei ipsius, cf. Gn 1,27"[69]). Das meint das Konzil, wenn es diese Ähnlichkeit erwähnt und dabei daran erinnert, daß ‚der Mensch auf Erden die ein-

[67] CSEL 42, 315 = PL 44, 471

[68] Übersetzung nach: Die Würde des Menschen in Christus – Die Antrittsenzyklika „Redemptor hominis" Papst Johannes Pauls II. Mit einem Kommentar von Bernhard Häring CSsR, Freiburg/B. 1979, 48.

[69] Es müßte hier vielmehr Gen 1,26 heißen. Auch in „Mulieris dgnitatem" Nr. 6 ist, obwohl „imago et similitudo Dei" mehrfach genannt werden, nur von Gen 1,27 die Rede; dort aber wird nur die „imago" erwähnt.

zige von Gott um ihrer selbst gewollte Kreatur ist' (Gaudium et Spes 24). So wie dieser Mensch von Gott ‚gewollt' ist, wie er von Ewigkeit von ihm ‚erwählt' ist, gerufen und bestimmt für die Gnade und das Heil, so ist jeder Mensch ganz ‚konkret', ganz ‚real'. Dies ist der Mensch im vollen Licht des Geheimnisses, an dem er durch Jesus Christus teilnimmt, ein Geheimnis, an dem jeder einzelne der vier Milliarden Menschen teilhat, die auf unserem Planeten leben, vom ersten Moment an, da er unter dem Herzen der Mutter empfangen wird."

Hier ist einiges zu kritisieren. So ist der Gedanke, der Mensch sei „auf Erden die einzige von Gott um ihrer selbst willen gewollte Kreatur" höchst problematisch, er entspringt der modernen personalistischen Philosophie, der auch Papst Johannes Paul II. verpflichtet war.[70] Die Gefahr, die gerade von diesem Satz ausgeht, geben auch Gelehrte zu, die man durchaus nicht unmittelbar dem sog. „traditionalistischen" Lager zurechnen kann. Man lese z. B. den Beitrag von Brunero Gherardini, „Sola creatura quam Deus propter seipsam voluit" (in: Doctor Angelicus 6/2006, 263-279). Der bekannte italienische Thomist zeigte auf, wie wenig jener berühmte Satz des II. Vatikanums in der Theologie des hl. Thomas und der Lehre der katholischen Kirche verwurzelt ist. Denn jede Kreatur ist zwar in gewisser Weise auf den Menschen als die „Krone der irdischen Schöpfung" hin ausgerichtet. Ja, der Mensch ist sogar „Endzweck der Schöpfung, dem die ganze Natur teleologisch untergeordnet ist", wie Giovanni B. Sala SJ formulierte.[71] Er selbst aber wurde wiederum nicht um seiner selbst, sondern um Gottes willen und zu dessen Ehre und Verherrlichung geschaffen. Die Vorstellung, daß der Mensch als einziges Lebewesen um seiner selbst willen existiert, ist in der Moderne eine typisch Kantische. Hierauf hat noch vor kurzem die protestantische Philosophieprofessorin Edith Düsing, und zwar unabhängig vom Konzilstext, in einem lesenswerten Buch hingewiesen (Nietzsches Denkweg: Theologie – Darwinismus – Nihilismus, München 2006, 541).

Auch in der Antike begegnet übrigens jenes Denken schon in einem christlichen Text, und zwar bei Laktanz (Epitome c. 64). Nur daß es dort zurückgewiesen und als falsche Vorstellung von (heidnischen)

[70] Siehe z.B. Häring im Kommentar zu RH 13 (122).

[71] Von Sprachtücken, Wertewandel, verdrängtem Naturrecht und philosophischen Hintergründen, in: Die Tagespost vom 8. April 2008, S. 12.

Philosophen bezeichnet wird! Wörtlich sagt der christliche Apologet: „Cuncta igitur propter hominem deus fecit, quia usui hominis cuncta cesserunt. Recte ergo viderunt hoc philosophi, sed illud, quod sequitur, non viderunt, quod ipsum hominem propter se fecerit. Erat enim consequens et pium et necessarium, ut, cum hominis causa tanta opera molitus sit, cum tantum illi honoris, tantum dederit potestatis, ut dominetur in mundo, et homo agnosceret deum tantorum beneficiorum auctorem, qui et ipsum fecit et mundum propter ipsum, eique cultum et honorem debitum redderet." – „Alles hat Gott also um des Menschen willen geschaffen, weil alles der Nutzung des Menschen anheim gefallen ist. Richtig haben dies also die Philosophen gesehen; aber das, was daraus folgt, haben sie nicht gesehen, daß er nämlich den Menschen seinerseits um seinetwillen (d. h. Gottes willen) geschaffen hat. Denn da er so große Werke um des Menschen willen in Gang gesetzt hat und er ihm soviel Ehre und soviel Macht verliehen hat, daß er in der Welt herrschen kann, wäre es nur folgerichtig, pflichtgemäß und notwendig gewesen, daß auch der Mensch Gott als Urheber so großer Wohltaten, der sowohl ihn selbst als auch die Welt um seinetwillen erschaffen hat, erkannt und ihm die geschuldete Verehrung und Ehre erwiesen hätte."

Zum zweiten ist der sich bei Johannes Paul II. unmittelbar anschließende Satz höchst problematisch. Er lautet in der lateinischen Fassung: „Homo, quem Deus ita ‚voluit', quem ab aeternitate ‚elegit', vocavit, ad gratiam et gloriam destinavit, ipse est ‚omnis' homo, homo quam maxime concretus, quam maxime realis..."[72] Vor allem durch die dann folgenden Worte, aber auch schon durch die vorangegangenen wird klar, daß hier wirklich *alle* Menschen ohne Ausnahme gemeint sind. In *allen* Menschen ist also „das Bild und Gleichnis Gottes unversehrt (nicht: *unzerstörbar*, wie in der offiziellen Übersetzung; lateinisch: *integra*) enthalten", *alle* Menschen sind offenbar nicht nur zum Heil in Christus gerufen, sondern nehmen daran teil, Gott hat sie hierzu „erwählt" und „bestimmt" (*„elegit" – destinavit*).

Abweichungen von der katholischen Erbsündenlehre in „Dominum et vivificantem" Nr.67

[72] Der lateinische Text wurde hier zitiert nach: Enchiridion delle Encicliche 8, Nr. 42, S. 64.

Gerade die letzten Formulierungen, zusammen mit der völligen Unversehrtheit der Gottebenbildlichkeit in ihren beiden Aspekten, dem natürlichen und dem übernatürlichen, lassen eigentlich kaum noch Raum, daß der Mensch etwa diesen Ruf (*vocavit)* ablehnen und dann verloren gehen könnte. Ähnlich nah an einer Lehre von der Allerlösung (um mich vorsichtig auszudrücken) ist Johannes Paul II. auch wieder in der Heilig Geist – Enzyklika gewesen. Es lohnt, sich den gesamten Kontext der entscheidenden Formulierung aus „Dominum et vivificantem" Nr. 67 anzuschauen: „Dieser Geist Gottes ‚erfüllt das Universum', und alles, was geschaffen ist, erkennt in ihm die Quelle seiner Identität, findet in ihm seinen transzendenten Ausdruck, *wendet sich* an ihn und *erwartet* ihn, *ruft ihn an* mit seinem eigenen Sein. Zu ihm als Beistand, als Geist der Wahrheit und der Liebe wendet sich *der Mensch, der von Wahrheit und Liebe lebt* und der ohne die Quelle der Wahrheit und der Liebe *nicht leben kann*... (die Kirche)... bittet um das *ewige Heil* in der vollen Gemeinschaft des göttlichen Lebens, zu dem der Vater die Menschen, die aus Liebe als Bild und Gleichnis der heiligsten Dreifaltigkeit erschaffen worden sind, von Ewigkeit ‚vorherbestimmt' hat. Die Kirche bittet mit ihrem Herzen, das alle menschlichen Herzen in sich faßt, den Heiligen Geist um das Glück, das allein in Gott seine volle Verwirklichung findet..."[73]

Nach diesen Ausführungen erfüllt nicht nur der Geist von sich aus das ganze Universum, was zweifellos richtig ist, sondern die ganze Schöpfung tritt auch ihrerseits in Beziehung zu ihm. Mag man allenfalls bei der Formulierung „und alles, was geschaffen ist, findet (so richtig, nicht wie in der offiziellen Version „erkennt", lateinisch: „omniaque creata fontem identitatis suae inveniunt in illo"[74]) in ihm die Quelle seiner Identität" noch an eine rein übertragene Ausdrucksweise denken, die ausschließlich die geistlose Schöpfung betrifft. Spätestens beim nächsten Kolon ist das nicht mehr wahrscheinlich, das auf Latein lautet „etiam transcendentem sui manifestationem reperiunt"; auch die folgenden Prädikationen umfassen wohl – neben den Engeln als reinen Geistwesen - ebenso den Menschen, der ja schließlich zu den „omnia creata" gehört.

Der folgende Satz, der sich dann sozusagen als einer Species der Schöpfung insbesondere dem Menschen zuwendet, widerspricht dem

[73] *Dominum et vivificantem* Nr. 67, Verlautbarungen des Apostolischen Stuhls 71, 75
[74] AAS 78/1986, 899

vorangegangenen Gedanken nicht. Denn der Relativsatz *„der von Wahrheit und Liebe lebt..."* kann nach dem vorher Gesagten nicht als Einschränkung im Sinne der Reduzierung aller Menschen auf eine bestimmte Zahl von ihnen verstanden werden, die mit einer bestimmten Eigenschaft ausgestattet sind, sondern er gibt offenbar eine Eigenschaft an, die die gesamte Menschheit besitzt. Dieser Interpretation kommt auch das lateinische Original entgegen, wo es heißt *„(respicit homo)*, utpote qui e *veritate et amore vivat..."* Es liegt hier also nicht etwa ein konjunktivischer Relativsatz mit konsekutivem, einschränkendem Nebensinn vor („ein Mensch der Art, daß er" oder „ein Mensch, sofern er"), sondern der Zusatz „utpote" determiniert eindeutig einen kausalen Nebensinn, der besser so übertragen würde: „der *ja*" oder sogar *„da* er *ja* von Wahrheit und Liebe lebt."

Wie kann diese Behauptung in ihrer Pauschalität angesichts der erbsündlichen Belastung des Menschen und seiner Neigung zur radikalen Bosheit zutreffen? Aber genau jene Ursünde und ihre Folgen stellt Johannes Paul II. in Frage, wenn er im folgenden sagt „... die (d.h. doch klar „alle") Menschen, die aus Liebe als Bild und Gleichnis der heiligsten Dreifaltigkeit erschaffen worden sind" (lateinisch: „... homines..., creatos amore ad imaginem et similitudinem Sanctissimae Trinitatis"[75]). Sicher, die Menschen wurden ursprünglich in der Tat so geschaffen (Gen 1,26). Aber wo bleibt hier wieder der Sündenfall mit seinen katastrophalen Wirkungen auf ihre Beziehung zu Gott? Werden „Bild und Gleichnis der heiligsten Dreifaltigkeit" nicht erst durch die Taufe in ihrer ursprünglichen Schönheit wiederhergestellt, wie es so klar in der Weihe des Taufwassers in der Osternacht gemäß dem 1962-er Ritus heißt: „Hic natura ad imaginem tuam condita, et ad honorem sui reformata principii, cunctis vetustatis squaloribus emundetur" – „Rein gewaschen werde hier die Natur von allem Schmutz des alten Menschen, jene Natur, die nach deinem Bild geschaffen worden war und nun, wiederhergestellt, zur Würde ihres Ursprungs zurückkehrt."[76]

---

[75] AAS a. O. 900

[76] Im lateinischen Text erscheint hier nur die „imago Dei", umfaßt aber wohl beide Begriffe, den der „imago" und den der „similitudo". In Gen 1,27 erscheint ja, im Unterscheid zum vorangehenden Vers, auch nur die „imago". Immerhin ist ja auch die „imago", wenn sie ausschließlich auf die Seele in ihrer natürlichen Perspektive bezogen wird, zwar nicht, wie wir schon gesehen haben, „zerstört" („deleta"), aber doch erheblich „verwundet" („vulnerata"). Es ist vielleicht kein Zufall, daß sich diese besonders klaren Worte des alten Taufritus in den neuen Texten nicht finden, wenngleich auch dort an anderer Stelle von

Vollends befremdet auch die Formulierung „(Ecclesia) petit *aeternam salutem* per plenam divinae vitae communicationem, ad quam Pater ab aeterno homines... ‚praedestinavit'" - „(die Kirche) bittet um das *ewige Heil* in der vollen Gemeinschaft des göttlichen Lebens, zu dem der Vater die Menschen... von Ewigkeit ‚vorherbestimmt' hat". Ebenso wie in RH 13 "*elegit*" (merkwürdigerweise allerdings nicht *destinavit*!) ist hier das Prädikat *praedestinavit* (deutsch: er hat „vorherbestimmt") in Anführungsstriche gesetzt. Wäre das nicht der Fall, so läge ein unaufhebbarer Bruch mit der apostolischen Lehre der Kirche vor. So könnte man zur Not das Verb als „(ad quam Pater ab aeterno homines) pervenire *voluit*" - „(der Vater) *wollte* (von Ewigkeit), daß (die Menschen zu ihm, d. h. dem ewigen Heil) gelangen" auffassen, gemeint wäre dann der universale Heils*wille* Gottes (siehe 1 Tim 2,4). Aber warum verwendet dann der Papst einen solchen Ausdruck, der sonst gewöhnlich in ganz anderem Sinne gebraucht wird? Das geschieht doch nicht ohne Absicht!

Man möge auch nicht sagen, hier habe der Pontifex sich nicht der Schulsprache, sondern einer biblischen Terminologie bedient! An allen Stellen des Neuen Testaments, wo das Verb nach der Vulgatafassung mit Blick auf den Menschen vorkommt, ist die endgültige und unabänderliche Vorherbestimmung von Menschen zum Heil im Glauben an Christus und in der Liebe zu ihm und dem Nächsten gemeint (Röm 8,29 f.; 1 Kor 2,7; Eph 1,5; Eph 1,11). Wenn nun alle Menschen vom Heiligen Geist erfüllt sind, ihm ihrerseits in Wahrheit und Liebe anhangen, vielleicht sogar fest zum ewigen Heil vorherbestimmt sind, dann gehören sie auch alle zur Gemeinschaft mit Christus, Menschheit und Kirche fallen in eins. Und genau das deutet der Papst im letzten von uns oben zitierten Satz an, der auf Latein so lautet: „Ecclesia nimirum, ex corde suo, quod omnia humana corda complectitur, a Spiritu Sancto felicitatem petit, quae in uno Deo plene efficitur".[77] – „Die Kirche bittet mit ihrem Herzen, das alle menschlichen Herzen in sich faßt, den Heiligen Geist um das Glück, das allein in Gott seine volle Verwirklichung findet." Das Herz der

---

dem durch die Ursünde „verdorbenen Wesen unserer (d. h. der menschlichen) Natur" („corruptam naturae nostrae substantiam") und deren Erneuerung durch das Bad der Taufe die Rede ist (Missale Romanum, Editio typica altera, Vatikanstadt 1975, 285; die neueste Ausgabe des Meßbuchs Pauls VI. war mir leider nicht greifbar)

[77] AAS a. O. 900

Kirche umfaßt demnach, wie man sieht, die Herzen *aller* Menschen. Das kann doch kaum im übertragenen Sinne, im Sinne einer reinen Fürsorge für alle Menschen, z.B. durch das Gebet, gemeint sein! Zumindest hätte das dann verdeutlicht werden müssen! Und was soll die Hinzufügung des Adverbs „plene"? Gibt es ein wahres, aber unvollständiges Glück des Menschen auch außerhalb seiner Beziehung zum wahren Gott? Korrekt hätte es allenfalls „vere" statt „plene" heißen müssen: Es gibt eine scheinbare, letztlich falsche „felicitas" außerhalb Gottes, aber nie eine auch nur teilweise echte! Hinter dieser Formulierung steht die immer wieder in der Konzilsära anzutreffende Ideologie des „additistischen Wahrheitsbegriffs", über den Wolfgang Schüler mehrere wichtige Publikationen vorgelegt hat[78]: Wahrheit wird nicht mehr als Einheit gesehen, sondern als Summe von Teilwahrheiten, von denen man dann mehr oder weniger haben kann und damit mehr oder weniger in der Wahrheit lebt – bis eben zur vollen Wahrheit. Daß nur ein einziger Irrtum – und zwar schon auf der rein natürlichen Ebene betrachtet, also von jeder göttlichen Offenbarung abgesehen - ein wahres System zerstört, wird übersehen bzw. verschwiegen.

Folgen der Erbsünde

Was die Folgen der heute so stark vernachlässigten oder im Kern der Lehre abgeschwächten Erbsünde (obwohl ohne sie der ganze *nexus veritatum*, der Zusammenhang der Dogmen, zusammenbricht!) angeht, kann man sogar über das bereits Gesagte hinaus noch weiter gehen: Nach dem Zeugnis anderer Stellen der Bibel des Alten und Neuen Bundes (z.B. Gen 6,12; Röm 8,18-23) trägt die gesamte, ehedem gute Schöpfung, wie sie sich nun heute darbietet, durch die Sünde des ersten Menschen einen schweren Defekt an sich, sie ist als ganzes "(sünden-)fallgestaltig" geworden.[79] So muß auch der hl. Johannes sagen, daß die

---

[78] Wolfgang Schüler, Das antikatholische Grundprinzip des Zweiten Vatikanischen Konzils, Hattersheim/Main 1991; Die additistische Denkmethode als Instrument der Glaubenszerstörung, Hattersheim 1993; Der Gegensatz zwischen dem traditionellen Selbstverständnis der Kirche Gottes und ihrem Selbstverständnis gemäß der Lehre des Zweiten Vatikanums, Hattersheim 1996; Pfarrer Hans Milch: Eine große Stimme des katholischen Glaubens. Mit einer Kritik am Zweiten Vatikanischen Konzil, Hattersheim (Actio Spes Unica) 2005, 1, 377-405.

[79] Reinhard Junker, Sündenfall und Biologie - Denkanstöße aus biblischer und biologischer Sicht, Neuhausen-Stuttgart 1993, 29 S. Siehe auch die einschlägigen Kapitel in dem größeren Werk desselben Autors, einer protestantisch-theologischen Dissertation, mit dem Titel "Leben

Welt als Ganzes im Argen (= in des Bösen Gewalt) liegt (1 Joh 5,19) und daß der Fürst dieser Welt eben nicht etwa Gott, sondern der Teufel ist (Joh 12,31), der in 2 Kor 4, 4 sogar als „Gott dieser Welt (bzw. dieses Weltzeitalters)“ bezeichnet wird. Schon im Alten Testament sagt Gott, daß „der Trieb des menschlichen Herzens von Jugend auf zum Bösen geneigt ist“ (Gen 8, 21). Auch Christus selbst nennt in jener Perikope, die die Kirche traditionell an ihren Bitt-Tagen den Gläubigen im Evangelium vorstellt, die Menschen „böse“ (Luk 11, 13). Daß diese Wertung nicht im Sinne einer absoluten Verderbnis, sondern, sowie es an der Genesis-Stelle heißt, als „zum Bösen geneigt“ zu verstehen ist, zeigt der unmittelbare Kontext. Dort sagt Christus ja, daß selbst die Menschen, die nun einmal so beschaffen sind, ihren Kindern gute Gaben zu geben wissen. Mit einer solchen zum Bösen neigenden Welt, zu der natürlich auch der Christ gehört, soweit er Sünder ist und die Gebote Gottes sowie die Botschaft Christi mißachtet, kann es für die Kirche keinen Kompromiß geben. Das "neue Zeitalter"[80], das nach der Pastoralkonstitution des II. Vatikanums auf dem Wege des Dialogs mit der Welt[81] zustandekommen und das alle "Gegensätze überwinden"[82] soll, würde wohl kaum - bei aller guten Absicht, die man den meisten Konzilsvätern nicht wird absprechen wollen - das Zeitalter Christi sein. Vielmehr liefe es geradezu Gefahr, zu dem seines Gegenspielers zu werden! Und so hat sich die Politik der letzten Jahrzehnte ja auch entwickelt, die weit davon entfernt ist, die christliche Anthropologie, die katholische Lehre von der Welt und dem Menschen ernstzunehmen.

---

durch Sterben? Schöpfung, Heilsgeschichte und Evolution", Berlin 1993, 284 S. Wenn ich diese beiden Untersuchungen hier zitiere, dann nicht, weil ich mich damit zum Kreationismus bekennen möchte, den Junker (in gemäßigter Form) vertritt. Um über die diffizile Materie ein begründetes Urteil fällen zu können, fehlt es mir völlig an Fachkompetenz. Aber auch unabhängig von den naturwissenschaftlichen Schlußfolgerungen bieten die Arbeiten manche theologisch wertvollen Gedanken.

[80] Alceu Amoroso Lima, Gesamtblick über die Pastoralkonstitution „Gaudium et spes“, in: Die Kirche in der Welt von heute. Untersuchungen und Kommentare zur Pastoralkonstitution „Gaudium et spes“ des II. Vatikanischen Konzils, hg. von Guilherme Baraúna, deutsche Bearbeitung von Viktor Schurr, Salzburg 1967, 32

[81] Diese Methode des Umgangs mit der Welt sah Ratzinger durch „Gaudium et spes“ empfohlen (im Kommentar zu GS 11, a. O. 314).

[82] Lima a. O. 32

Die Kirche darf sich nicht an die Welt anpassen!

So wird auch in der Bibel immer wieder vor der Anpassung an die Welt gewarnt. Deutlich spricht der hl. Paulus dies aus: „Macht euch nicht gleichförmig mit dieser Welt“ (Röm 12,2). Im Jakobusbrief werden wir belehrt: „Wer Freund dieser Welt sein will, wird ein Feind Gottes sein“ (Jak 4,4). Der Lieblingsjünger des Herrn zeigt, wie die Welt zu überwinden ist: „Das ist der Sieg, der die Welt überwindet, unser Glaube!“ (1 Joh 5,4) Der Heiland selbst hatte ja bekanntlich mehrfach seine Frohe Botschaft von der Mentalität der Welt abgesetzt: „Den Geist der Wahrheit kann die Welt nicht empfangen, weil sie ihn nicht sieht und nicht kennt“ (Joh 14,17) – „Wenn die Welt euch haßt, so wisset, daß sie mich schon vor euch gehaßt hat“ (Joh 15,18).[83]
Es wirkt schon einigermaßen befremdlich, wenn Alceu Amoroso Lima die allzu Welt-freundliche Grundkonzeption des Konzilsdokumentes „Gaudium et spes“ dadurch verteidigt, daß er die vorkonziliare Haltung der Kirche mit folgenden Worten anprangert: „Man zitierte das ‚non pro mundo rogo’ (Jo 17,9), vergaß aber das ‚sic Deus dilexit mundum’ (Jo 3,16)“.[84] In Wahrheit steht ja Jo 3,16 keineswegs im Gegensatz zu den vielen anderen Stellen des Johannes-Evangeliums, deren Existenz Lima im folgenden immerhin selbst zugibt, sondern bestätigt sie geradezu – wofern man den ganzen Satz betrachtet, den Christus spricht! Denn die unermeßliche Liebe Gottes gilt einer Welt, die so schlecht ist, daß sie ohne ihn und die Annahme seines Erlösungswerkes verlorenginge.
Sicher ist die durchgängige biblische Grundhaltung einer Distanz zur Welt gerade in unserer Zeit erläuterungsbedürftig. P. Engelbert Recktenwald fand hierzu treffende Worte: „Wenn der Widerstreit gegen den Glauben für die Welt konstitutiv ist, dann sind mit diesem biblischen Begriff der *Welt* nicht bestimmte Menschen gemeint... 'Welt' steht in diesem biblischen Zusammenhang immer für eine widergöttliche Macht, in deren Bannkreis der Mensch dann gerät,

[83] Weitere Stellen siehe P. Engelbert Recktenwald, Fata Morgana: Gedanken zur Unterscheidung des Christlichen, Reihe „Verzehrendes Feuer“, Bd. 1, Kap. „Das ist der Sieg, der die Welt überwindet“, Lauerz/Schweiz 1999, 19.
[84] Lima a. O. 33.

wenn er sich den *Werken* des Fleisches überläßt (cf. Gal. 5,19)."[85] Daher kann es für die Kirche keine Gemeinsamkeit mit der Welt geben: „Wenn die *Überwindung* der Welt das Ziel unseres Glaubens ist, dann setzt dies einen Konflikt mit der Welt voraus, der nicht friedlich beigelegt werden kann. Der Streit zwischen Glaube und Welt ist konstitutiv. Eine Versöhnung ist ausgeschlossen.... Diese Gedankengänge erscheinen uns heute seltsam fremd, ja sogar frivol und unmenschlich. Umso wichtiger ist es, sich auf dieses biblische Thema zu besinnen. Es kehrt im Neuen Testament immer wieder und stellt ein wichtiges Korrektiv zur heutigen Ideologie der Allversöhnung mit allem und jedem dar."[86]

Leo Scheffczyk, der später zum Kardinal ernannt werden sollte, nahm noch einen anderen Aspekt hinzu[87]: „Für das Weltverhältnis der

---

[85] Recktenwald 18 f. Wolfgang Schüler wies mit Recht darauf hin, daß die Welt zwar als Schöpfung Gottes an sich gut ist (freilich, so muß man ergänzen, nach der Auflehnung des ersten Elternpaares gegen Gott eben als Ganzes unter der Erbsünde steht, und zwar auch noch, was gewisse Folgen angeht, nach Christi Erlösungstod), daß aber eben in der Hl. Schrift der Begriff *Welt* überwiegend den „Bereich des Außerhalb-Gottes-Seins bezeichnet" (Pfarrer Hans Milch: Eine große Stimme des katholischen Glaubens, Bd. 1, 617).

[86] Recktenwald 18. Selbst Papst Benedikt XVI. ist da in seinen Publikationen manchmal doch etwas zu optimistisch gewesen, was die Beziehungen der Kirche zur „Welt" angeht, so z.B. in *Der Christ und die Welt von heute*, soviel richtige und wichtige Gedanken der Aufsatz auch enthält. Er ist zusammen mit anderen Beiträgen Joseph Ratzingers erschienen in dem Sammelband *Dogma und Verkündigung* (München/Freiburg 1973, 183-224). Vor allem hätte Ratzinger für das Neue Testament nicht ausschließlich Johannes als Vertreter einer kritischen Haltung gegenüber der Welt benennen sollen (a. O. 191): Hier liegt keine Sonderlehre des Evangelisten vor, sondern die Heilige Schrift ist voll von solchen Aussagen, von denen wir ja selbst auch aus anderen Hagiographen einige Zitate beigebracht haben.

Eine vorzügliche Auseinandersetzung mit der heute so weit verbreiteten, völlig bibel- und traditionswidrigen Forderung nach einem weitreichenden Aufgehen der Kirche in der Welt hat Paul Hacker bereits 1978 vorgelegt; sein Beitrag wurde 2010 veröffentlicht (Kosmolatrie - Zum „Weltverständnis im Glauben", UVK 40/2010, 37-60). Hacker zieht hier überzeugend eine geistige Linie von einflußreichen katholischen Theologen wie Johann Baptist Metz, Karl Rahner und Edward Schillebeeckx über den protestantischen Gelehrten Friedrich Gogarten zu Martin Luther: Dieser hatte den Werken der Nächstenliebe ihre Bedeutung für die Rechtfertigung aus dem Glauben genommen und sie damit letztlich zu einer rein diesseitigen Angelegenheit gemacht. Damit ist ein entscheidender Schritt zur Säkularisierung des Christentums gegangen worden: Die Durchdringung der zur Sünde neigenden Welt mit der Botschaft Jesu erscheint nicht mehr als vorrangige und unbedingte Aufgabe des Christen, er kann sehr wohl, wenn er sich nur des Glaubens an sein eigenes Heil sicher ist, in dieser Welt aufgehen und sich vorrangig für den säkularen Fortschritt einsetzen..

[87] Leo Scheffczyk, Aspekte der Kirche in der Krise. Um die Entscheidung für das authentische Konzil, Quaestiones non disputatae Bd. 1, Siegburg 1993, 113-117. Wie der Titel schon besagt, gesteht Scheffczyk zu, daß die Kirche nach dem Konzil in eine gefährliche Krise

Christen[88] ergibt sich daraus eine gewisse Dialektik zwischen Bejahung der von Christus erlösten Welt und Verneinung der noch der Sünde und dem ‚Fleisch' unterstehenden Menschenwelt.". Scheffczyk gibt im folgenden zu, daß dem Neuen Testament eine Sorge um die „weltliche Welt" fremd ist, womit die Christen jedoch nicht zur Flucht vor der Welt aufgefordert würden, wohl zu einer gewissen Distanz ihr gegenüber. Die Position des II. Vatikanums gab Scheffczyk so wieder: „Demgegenüber ist die Neuakzentuierung des Weltverständnisses des Konzils nicht zu übersehen. Die Welt, die vom Konzil vornehmlich als ‚Menschenwelt' verstanden ist, wird im Vergleich zur Bibel nicht eigentlich antagonistisch beurteilt und in einem dialektischen Für und Wider interpretiert. Die Grundeinstellung zu ihr ist auf dem Gedanken des liebenden Schöpfergottes begründet und von der Wahrheit der Erlösung überhöht, eine positive Einschätzung, die manche Konzilsväter sogar als ‚zu optimistisch' ansahen."[89] Hier aber liegt ja gerade das Problem: Es gibt eben unendlich viele Menschen dieser

---

geriet. Aber er hätte darauf bestanden, diese Dinge seien geschehen „post, non propter concilium". Man müsse nur das II. Vatikanum richtig, d. h. im Lichte der Tradition, interpretieren, dann sei es nicht für die spätere Entwicklung verantwortlich. Ähnlich denkt der italienische Theologe und Erzbischof Agostino Marchetto, der Scheffczyks Arbeit (nach der italienischen Übersetzung) besprochen hat (Il Concilio Ecumenico Vaticano II. Contrappunto per la sua storia, Città del Vaticano 2005, 353-358). Das ist im übrigen eine Position, die im wesentlichen auch Papst Benedikt XVI. teilt. Nicht zufällig schrieb er für die italienische Ausgabe des Buches von Scheffczyk ein Vorwort. Die Methode mag für viele umstrittene Passagen greifen, die dann eindeutig im Sinne der Tradition vom Lehramt festzulegen wären. Aber es bleibt ein zahlenmäßig kleiner, aber wirkmächtiger Rest von Stellen, die nach meinem Dafürhalten schwer oder gar nicht mit der überlieferten Lehre in Einklang zu bringen sind. Hierüber wird man sich sachlich, nüchtern und unaufgeregt im wissenschaftlichen Disput zwischen Vertretern der traditionellen und denen der der modernen Auffassung auseinandersetzen müssen. Wichtige Impulse können dabei von den Büchern des Domherrn von St. Peter in Rom, Brunero Gherardini, ausgehen, der immer wieder auf bestimmte Abweichungen des II. Vatikanums von der katholischen Tradition hingewiesen hat, aber durchaus nicht zur Priesterbruderschaft St. Pius X. gehört, ihr in mancher Hinsicht sogar kritisch gegenübersteht. Zu nennen wäre hier vor allem eines seiner jüngeren Werke, nämlich „Concilio Ecumenico Vaticano II - Un discorso da fare" (Frigento 2009), zu dem Erzbischof Albert Malcolm Ranjith und Bischof Mario Oliveri wohlwollende Vorworte geschrieben haben. Das Buch existiert jetzt auch in einer zuverlässigen, von der Klassischen Philologin Claudia Barthold angefertigten deutschen Übersetzung: „Das Zweite Vatikanische Konzil - Ein ausstehender Diskurs" (Mülheim/Mosel 2010). Mittlerweile wäre auch hinzuzunehmen: Roberto de Mattei, Das Zweite Vatikanische Konzil - Eine bislang ungeschriebene Geschichte, deutsche Ausgabe Edition Kirchliche Umschau 2011.

[88] Literatur zum Thema „Christ und Welt" nach biblischer, v. a. Paulinischer Lehre hat Scheffczyk auf S. 114 in der Anm. 3 verzeichnet.

[89] Scheffczyk a. O. 116

Welt, die die Erlösung gar nicht annehmen wollen, sich jedenfalls keinesfalls als von Christus Erlöste verhalten möchten. Und selbst die es prinzipiell tun, handeln aufgrund der noch andauernden Folgen der Erbsünde (auch wenn diese an sich durch die Taufe abgewaschen ist) oft genug so, als wäre Christus nicht für sie am Kreuz gestorben! Da nützt es nur wenig, wenn Scheffczyk im unmittelbar folgenden Satz mit Blick auf *Gaudium et Spes* Nr. 2 und Nr. 13 zu bedenken gibt, daß das „Wissen um die Widersprüchlichkeiten, die Gefährdungen und um die Sünde dieser Welt nicht fehle." Entscheidend ist, daß jenes Wissen eben zu wenig Einfluß auf die Konzeption des Gesamttextes der Pastoralkonstitution ausgeübt hat!

Ist jeder Mensch automatisch gerechtfertigt?

Kommen wir wieder auf die Theologie Johannes Pauls II. zurück. Der Papst berief sich seit seinem Amtsantritt immer wieder auf *Gaudium et spes* 22, einen Text, aus dem wir oben schon zitiert hatten.[90] Christoph Schönborn, damals Weihbischof, mittlerweile Kardinal und Erzbischof von Wien, legte Zeugnis für die Tatsache ab, daß "Gaudium et spes" Nr. 22 der "Schlüsseltext" auch des neuen Weltkatechismus sei.[91] Schon als Kardinal hatte Karol Wojtyła die Linien weiter ausgezogen, die er in GS 22 und ähnlichen Texten für vorgezeichnet hielt. Den Exerzitienvorträgen aus dem Jahre 1976, die bezeichnenderweise 1979 unmittelbar nach seiner Wahl zum Nachfolger Petri, und zwar in deutscher Sprache unter dem Titel "Zeichen des Widerspruchs – Besinnung auf Christus" im Herder-Verlag, erschienen, kann man folgende Bemerkungen entnehmen, die klar in die Richtung eines „anonymen Christentums" weisen, wenngleich die Erlösung hier noch, der kirchlichen Tradition entspre-

90 "Redemptor hominis" Nr. 8 hatten wir bereits in Anm. 32 erwähnt, ein weiteres Beispiel wäre "Evangelium Vitae" Nr.104.

91 Osservatore Romano 12,1/1993, vgl. Sì sì no no 15. April 1993, 3. Es ist schwer verständlich, daß derselbe Weihbischof Schönborn zu Recht die Gefahr skizzierte, die mit der Theorie von der Erlösung der ganzen Menschheit allein durch die Inkarnation verbunden ist, diese auch zutreffend mit dem protestantischen Theologen Adolf von Harnack als einem früheren Befürworter in Verbindung brachte, sie ferner korrekt, gerade mit Bezug auf die große Mehrzahl der Kirchenväter, als unkatholisch verwarf, aber dann so tat, als wenn sie heute nur von fehlgeleiteten Theologen und nicht etwa auch vom offiziellen Lehramt vertreten oder zumindest in erschreckendem Maße begünstigt würde (Interview mit Schönborn in: 30 Tage 6/1994, 66).

chend, vom Kreuz[92] und nicht von der Inkarnation her gesehen ist: "Die Geburt der Kirche im Moment des messianischen, erlösenden Todes Christi" war "im Grunde auch die Geburt des Menschen, und zwar unabhängig davon, ob der Mensch dies weiß oder nicht, dies annimmt oder nicht." (108) "Alle Menschen seit dem Beginn und bis zum Ende der Welt sind von Christus durch sein Kreuz erlöst und gerechtfertigt worden." (103)[93]

In der italienischen Vorlage der deutschen Ausgabe heißt es im letzten Satz wirklich: „giustificati" („gerechtfertigt"). Der Begriff ist zweifellos von besonderer Tragweite! Die Aussage über die Erlösung im selben Satz unmittelbar zuvor könnte ja auf die Suffizienz, als auf das Erlösungsangebot Christ zielen. Es muß nicht unbedingt die Effizienz

---

[92] Das Kreuz als zentrales Moment unserer Erlösung begegnet durchaus auch sonst immer wieder bei Johannes Paul II. Siehe z.B. seine Enzyklika „Salvifici doloris", in der er viele schöne und tiefe Gedanken zum Leiden des Menschen aus christlicher Perspektive vorstellt: „Quod si propositum doloris argumentum peculiariter hoc sacro Redemptionis Anno enucleandum est, id ob eam causam potissimum fit quod *Redemptio per Crucem Christi* facta est, hoc est *per eius cruciatus*" (Nr. 3, AAS 76/1984, 202).

Diejenigen modernen Theologen wie Karl Rahner (und Ansätze dazu gibt es auch bei Papst Johannes Paul II., siehe meinen Beitrag in dem schon genannten Sammelband „Karl Rahner - Kritische Annäherungen"), die das Erlösungsgeschehen teilweise oder gänzlich vom Kreuz in die Menschwerdung verlagern, mögen folgende Stimmen zweier ganz unterschiedlicher Theologen zur Kenntnis nehmen: "Obwohl nämlich die Väter bei der Erklärung der Lehre von der Erlösung einen größeren Anteil der Inkarnation zuzuweisen scheinen, zeigt doch ihre Lehre, nach der sie die Entstehung der Kirche am Kreuz aus der (Seiten-)Wunde verkünden, klar an, daß auch die Alten den eigentlichen Akt der Erlösung in das blutige Geschehen am Kreuz legen." (Sebastian Tromp SJ, Ecclesia Sponsa Virgo Mater, Gregorianum 18/1937, 16) Vielleicht noch deutlicher als der traditionell ausgerichtete Theologe Sebastian Tromp äußerte sich Hans Urs von Balthasar, ein bekannter Vertreter der "Nouvelle théologie" in Deutschland: "Diese Stellen zeigen erstens, daß die Menschwerdung final auf das Kreuz hingeordnet ist; sie räumen mit einem in den Theologiebüchern verbreiteten Mythos auf, daß in der griechischen Theologie, im Gegensatz zur lateinischen, die 'Erlösung' grundlegend im Akt der Menschwerdung erfolgte, der gegenüber das Kreuz nur eine Art Epiphänomen wäre; sie widerlegen damit auch den modernen Mythos (der sich auf den genannten Mythos stützen möchte), daß das Christentum vor allem 'Inkarnationismus', Einwurzelung in die (weltliche) Welt sei, und nicht Absterben dieser Welt." (Theologie der drei Tage, Freiburg 1990, 26; es handelt sich um einen unveränderten Nachdruck des Textes, der unter dem ursprünglichen Titel *Mysterium paschale* in dem Sammelwerk *Mysterium Salutis* Bd. III/2, 133-326, Einsiedeln 1970, veröffentlich worden war). Zur Frage des Zentrums der Soteriologie siehe auch Gudrun Münch-Labacher, Naturhaftes und geschichtliches Denken bei Cyrill von Alexandrien. Die verschiedenen Betrachtungsweisen der Heilsverwirklichung in seinem Johanneskommentar, Hereditas 10, Bonn 1996.

[93] Zu dieser und ähnlichen Aussagen aus „Zeichen des Widerspruchs" siehe J. Dörmann, Der theologische Weg Johannes Pauls II. zum Weltgebetstag der Religionen in Assisi, Bd. I: Vom Zweiten Vatikanischen Konzil bis zur Papstwahl, Senden/Westf. 1990, 62-68.

betreffen, das wirkliche Erlöstsein jedes einzelnen Menschen. Die Kirche hat nämlich mit dem hl. Thomas stets betont, daß die Erlösung zwar von der göttlichen Intention her universal, von der Wirklichkeit her aber aufgrund der menschlichen Entscheidungsfreiheit begrenzt ist (in primo actu universalis, in secundo actu particularis, S. c. gent. 6,55). Schön kommen beide Aspekte im Hymnus "Te Deum" zu ihrem Recht, wo der eine sich unmittelbar an den anderen anschließt: "Du scheutest nicht zurück vor dem Schoße der Jungfrau, um *die Rettung des Menschen* (d.h. der Menschheit) auf dich zu nehmen. Du hast den Stachel des Todes besiegt und dadurch *den Glaubenden* das Himmelreich geöffnet" ("Tu *ad liberandum* suscepturus *hominem* non horruisti Virginis uterum. Tu devicto mortis aculeo aperuisti *credentibus* regna caelorum").[94]

Die Spannung zwischen universalem Erlösungs*angebot* und nur partieller Erlösungs*wirklichkeit* hat die Synode von Quiercy im Jahre 853 gerade auch mit Blick auf eine gewisse Vereinigung jedes Menschen mit Christus aufgrund der gemeinsamen menschlichen Natur, die ja in GS 22 betont wird, in besonders klare Worte gefaßt. Die Stellungnahme der Kirchenversammlung unter dem Vorsitz des Erzbischofs Hinkmar von Reims war als Antwort auf den Irrtum des Mönches Gottschalk von Orbais nötig geworden, der eine doppelte Vorherbestimmung gelehrt hatte, gewissermaßen der absoluten Prädestination des Menschen zu

[94] Auch im überlieferten Römischen Ritus der Kirche kommen Gebete vor, die die Suffizienz, also das Angebot der Erlösung Christi für *alle* Menschen, betonen, so z.B. das Opferungsgebet "Offerimus tibi, Domine, calicem salutaris", wo es heißt, daß dieser Kelch "pro nostra et totius mundi salute" ("für unser und der ganzen Welt Heil") dargebracht wird, oder das Gebet zur Kommunionvorbereitung "Domine Jesu Christe, Fili Dei vivi", wo der Priester spricht: "per mortem tuam mundum vivificasti" ("Du hast durch Deinen Tod der Welt das Leben geschenkt"). Der Kontext solcher Aussagen läßt aber an der Intention der Kirche nicht den geringsten Zweifel. So wird unmittelbar nach der letzteren Anrufung der Herr angefleht, er möge den Genuß Seines heiligsten Leibes nicht "zum Gericht und zur Verdammnis gereichen lassen " ("non mihi proveniat in judicium et condemnationem"). Ein potentielles Mißverständnis des Opferungsgebetes über dem Kelch ist schon aufgrund des vorangegangenen "Suscipe, Sancte pater, omnipotens aeterne Deus..." kaum möglich, das die Notwendigkeit des Sühneopfers angesichts der Sündhaftigkeit des Menschen wie kaum ein anderer Text betont und damit der Verdammung durch alle Neuerer seit der Reformation des 16. Jahrhunderts anheimfiel. Vollends widerlegt würde eine abweichende Interpretation durch die bald folgenden Worte des Kanons "laß uns der ewigen Verdammnis entrissen werden" ("ab aeterna damnatione nos eripi... jubeas"), die ja, wenn man so betet, offenbar möglich ist. Es ist nicht erstaunlich, daß der Canon Romanus bei den modernen Theologen so unbeliebt ist – natürlich nicht nur aus diesem, sondern auch aus einer Reihe weiterer Gründe (siehe Verf., Die Mär vom antiken Kanon des Hippolytos, Köln 1999).

Himmel oder Hölle vergleichbar, wie sie später Calvin vertreten sollte.[95] Jene Synode verkündete nun: „So wie es keinen Menschen gibt, gegeben hat oder geben wird, dessen Natur nicht in unserem Herrn Jesus Christus angenommen war, so gibt es keinen Menschen, hat es keinen gegeben und wird es keinen geben, für den er nicht gelitten hat; gleichwohl werden nicht alle durch das Geheimnis seines Leidens erlöst. Daß aber nicht alle durch das Geheimnis seines Leidens erlöst werden, bezieht sich nicht auf die Größe und Fülle des Lösegeldes, sondern bezieht sich auf den Anteil der Ungläubigen und derer, die nicht mit dem Glauben glauben, ‚der durch die Liebe wirkt' (Gal 5,6); denn der Kelch des menschlichen Heiles, der durch unsere Schwachheit und die göttliche Kraft bereitet wurde, hat es zwar in sich, daß er allen nützt; wenn er aber nicht getrunken wird, heilt er nicht." (DH 624) Es mag den Katholiken erstaunen, aus dieser so dichten und umfassenden Erklärung im nachkonziliaren „Katechismus der Katholischen Kirche" nur denjenigen Auszug zu lesen, der dem Erlösungs*angebot* Jesu gilt: „Im Anschluß an die Apostel (vgl. 2 Kor 5,15; 1 Joh 2,2) lehrt die Kirche, daß Christus ausnahmslos für alle Menschen gestorben ist: ‚Es gibt keinen Menschen, es hat keinen gegeben und wird keinen geben, für den er nicht gelitten hat' (Syn. v. Quiercy 853: DS 624)" (KKK 605). Allerdings soll nicht verheimlicht werden, daß an anderer Stelle dasselbe Werk sehr wohl die Pflicht des Menschen, mit der Gnade mitzuwirken, kennt (KKK 1993) und auch die katholische Lehre von der Existenz eines Ortes der Verdammten, der Hölle, erwähnt (KKK 1033-1037).

Die Heilige Schrift lehrt uns etwas ganz anderes als Johannes Paul II.: „Gerechtfertigt also aus dem Glauben haben wir[96] Frieden mit

---

[95] „Die Lehre von der doppelten Vorherbestimmung, die er von der Allmacht und dem Allwissen Gottes her begründet, ist für Gottschalk eine entscheidende Frage des Glaubens. Die Gottschalk zugeschriebene These, dass die zum Heil oder zum Untergang Prädestinierten gar nicht anders sein können, so als läge ein Zwang auf ihnen, erfährt durch den Dichter und Theologen Florus (800-860), den Leiter der Kathedralschule zu Lyon, eine scharfe Entgegnung: es handele sich bei dieser Sentenz um eine *horribilis blasphemia*, denn die Bösen gingen nicht deshalb zugrunde, ‚weil sie nicht gut sein konnten, sondern weil sie nicht gut sein wollten'." (Michael Stickelbroeck, Urstand, Fall und Erbsünde. In der nachaugustinischen Ära bis zum Beginn der Scholastik: Die lateinische Theologie, Handbuch der Dogmengeschichte, hg. von Michael Schmaus u. a., Bd. II Fasz. 3 a (3), Freiburg/B. 2007, 50).

[96] Aus inhaltlichen Gründen ist wohl die Lesart „echomen" (wir haben; Indikativ) der an sich gut überlieferten Form „echōmen" (wir wollen haben; Konjunktiv) vorzuziehen (A

Gott durch unseren Herrn Jesus Christus" (griechisch: „dikaiōthentes oun ek pisteōs", lateinisch: „iustificati igitur ex fide", Röm 5,1). - „Ihr seht, daß der Mensch aus den Werken gerechtfertigt wird und nicht nur aus dem Glauben" (griechisch: „horate hoti ex ergōn dikaioutai anthrōpos kai ouk ek pisteōs monon", lateinisch: „videtis quoniam ex operibus iustificatur homo et non ex fide tantum", Jak 2,24). Beide Komponenten müssen also - und das sei gegen den Irrtum des Lutherischen Ansatzes gesagt, der hier nur den Glauben gelten lassen will[97] -, immerhin im Unterschied zur päpstlichen Konzeption wenigstens diesen! - bei der Rechtfertigung zusammenkommen. Das erste Element ist zweifellos der Glaube, der sich dann aber in den Werken der christlichen Nächstenliebe zu manifestieren hat[98], ohne die er tot ist und da-

---

Textual Commentary on the Greek New Testament, Second Edition, by Bruce M. Metzger, Stuttgart 1994, 452). Vgl. auch Erik Peterson, Der Brief an die Römer, Würzburg 1997, 115 f.

[97] Später gab Luther zwar zu, daß die guten Werke sich notwendig als Frucht aus dem Glauben ergäben, weigerte sich aber trotzdem, den Werken der Liebe eine Bedeutung für die Rechtfertigung beizumessen. Eine wirkliche Umgestaltung der Seele des Menschen mit Hilfe der Gnade blieb ihm ganz fremd. Siehe Manfred Hauke, Die Antwort des Konzils von Trient auf die Reformatoren, in: Anton Ziegenaus (Hg.), Der Mensch zwischen Sünde und Gnade, Theologische Sommerakademie Dießen 2000, Buttenwiesen 2000, 78 f. Hauke (79) erinnert auch mit Berufung auf Paul Hackers grundlegendes Werk „Das Ich im Glauben bei Martin Luther" (Graz u. a. 1966, 29, im Jahre 2002 neu aufgelegt vom katholischen Bonner Verlag „Nova et vetera", dort 33) daran, daß Luther „für das eigentlich Rechtfertigende am Glauben nicht dessen Beziehung auf Gott oder Christus allein, sondern die Rückbeugung des Glaubensaktes auf das Ich des Glaubens gehalten hat". „Mit anderen Worten: der Mensch wird gerechtfertigt," so fährt Hauke fort, „wenn er glaubt, dass er gerechtfertigt ist; Glaube ist identisch mit persönlicher Heilsgewissheit."

[98] Die Notwendigkeit einer wahren Umgestaltung in Christus durch die Gnade und - damit verbunden - die Heilsnotwendigkeit der guten Werke muß heute deutlich betont werden. Dazu drängt uns der erschütternde und wahrheitswidrige Kompromiß, der in Deutschland zwischen Katholiken und Protestanten bei der Rechtfertigungslehre im Jahre 2000 erzielt worden ist und der immerhin - nach manchen Interventionen und Bedenken - doch von Rom abgesegnet wurde. Wir können hier auf die Problematik nicht weiter eingehen, sondern verweisen den interessierten Leser auf die einschlägige Literatur, die von Manfred Hauke, Georg May und Leo Kardinal Scheffczyk verfaßt worden ist. Sie ist verzeichnet bei M. Hauke, Die Antwort des Konzils von Trient auf die Reformatoren, 97 f. Anm. 58-60. Hinzuzunehmen wäre noch: Romano Amerio, Sind die Lehrverurteilungen „nicht mehr kirchentrennend"? UVK 29/1999, 212-234.

Man vergleiche auch die wertvolle Rezension, die Manfred Hauke zu folgender amerikanischer Publikation vorgelegt hat: Christopher J. Malloy, Engrafted into Christ. A Critique of the Joint Declaration (American University Studies. Series VII, Theology and Religion, Vol. 233), New York 2005. Die Besprechung ist veröffentlicht in: Die "Gemeinsame Erklärung" zur Rechtfertigung und die Norm des Glaubens – Eine amerikanische Studie auf den Spuren von Leo Scheffczyk, Forum Kath. Theol. 22/2006, 127-134. Den zentralen Gedanken der Untersuchung jenes amerikanischen Kollegen hat der deutsche Theologe so zusammengefaßt: "Das Ergebnis macht nachdenklich und lässt das Augsburger Ereignis

her nicht heilswirksam werden kann, wie es im Jakobusbrief (2,26) steht. Die Apokalypse des hl. Johannes (14,13) belehrt uns im selben Geist über die Bedeutung der Werke für den Eintritt ins ewige Leben; der Text ist vielen Gläubigen gut bekannt aus der Lesung der traditionellen „Gewöhnlichen Messe für Verstorbene“: „Und ich hörte eine Stimme vom Himmel sagen: ‚Schreibe: Selig sind die Toten, die von nun an im Herrn sterben. Wahrlich, spricht der Geist, sie sollen ausruhen von ihren Mühen; denn ihre Werke folgen ihnen nach'.“ Ebenso heißt es an einer anderen Stelle der Apokalypse (20, 12), daß am Jüngsten Tag „die Toten aus dem, was in den Büchern geschrieben steht, gerichtet werden nach ihren Werken“ (griechisch: kata ta erga autōn, lateinisch: secundum opera ipsorum).

Geradezu klassisch hat auch der hl. Augustinus, der „Doctor gratiae“ („Lehrer der Gnade“), die richtige christliche Position der Rechtfertigung des Sünders formuliert und betont, daß der Mensch hier selbst mitwirken muß: "Derjenige also, der dich ohne dich (d. h. ohne dein Zutun) geschaffen hat, rechtfertigt dich nicht ohne dich. Also hat er dich geschaffen, ohne daß du davon wußtest, rechtfertigt dich aber nur dann, wenn du es auch willst" („Qui ergo fecit te sine te, non te iustificat sine te. Ergo fecit nescientem, iustificat volentem“, Sermo CLXIX, XI,13).[99] Dietrich von Hildebrand stellte schon im Jahre 1973 in seinem Buch „Der verwüstete Weinberg“[100] zu Recht fest, daß diesem Satz in der modernen Theologie geradezu notorisch widersprochen wird. Der hl. Bischof von Hippo nannte übrigens einen der noch heute gültigen, eher ehrenvollen, gleichwohl dennoch falschen Gründe, warum sich viele Menschen zur Allerlösungstheorie bzw. ihr nahestehendem Denken hingezogen fühlen: "Diejenigen, die einer solchen Auffassung huldigen und doch Katholiken sind, scheinen

von 1999 als 'Super-GAU' eines Ökumenismus erscheinen, der sich dem relativistischen Modell der 'versöhnten Verschiedenheit' verschrieben hat... Sie (die Untersuchung) ist mutig, weil sie einer bequemen Mentalität in 'papsttreuen' Kreisen widerspricht (vor allem unter Laien), die sämtliche Dokumente der römischen Kurie auf die gleiche Ebene stellt wie Glaubensaussagen. Die sichtbare Einheit kann nur in der Fülle der offenbarten Wahrheit erfolgen. Die Untersuchung zur Bedeutung der nur scheinbar abstrakten 'Formalursache' der Rechtfertigung lehrt die Aktualität des katholischen Dogmas, für dessen Verteidigung sich ein theologischer Streit durchaus lohnt" (a. O. 134). Manfred Hauke hat den Nagel auf den Kopf getroffen, seinem abschließenden Urteil bleibt nichts hinzuzufügen!

[99] Zu weiteren vergleichbaren Stellen aus dem Oeuvre des hl. Augustinus siehe Bruno Gherardini, Kardinal Walter Kasper und der Ökumenismus, Theologisches 34,3/2004, 135 Anm. 1.

[100] Regensburg 1973, 72-75

mir durch ein gewisses menschliches Wohlwollen (humana quadam benevolentia) in die Irre geführt zu werden." [101]
Vor einigen Jahren hat noch einmal der Augsburger Dogmatiker Anton Ziegenaus klargemacht, warum die Allerlösungstheorie mit dem katholischen Glauben völlig unvereinbar ist. Die Bedeutung seiner Ausführungen für unsere Zeit rechtfertigt es, den entsprechenden Abschnitt ungekürzt vorzulegen: "Jedoch diese unglaubhaft hohe Liebe Gottes bedeutet keine apokatastische Sicherheit (=Sicherheit durch die Allerlösung, H-L B), daß Gott deshalb schon alle zum guten Ende führen wird; sie bedeutet intensivstes Werben Gottes um die liebende Antwort des Menschen. Was aber soll Gott noch tun, wenn der Mensch diese liebende Antwort nicht gibt, wenn er sich angesichts solcher Liebe leichtfertig und gleichgültig verhält? Gott kann nämlich keinen höheren Einsatz mehr leisten, als es die Hingabe des Sohnes war. Über die geschehene Hingabe hinaus gibt es nach Hebr 10,26 ‚kein Opfer mehr für die Sünden'. So besagt diese Hingabe die Möglichkeit ewigen Heils und ewigen Unheils. Sollte Gott vielleicht angesichts der Fruchtlosigkeit dieses Einsatzes von der Notwendigkeit der Sühne absehen und allgemeine Begnadigung aussprechen? Dann wäre aber die Hingabe des Sohnes eine überflüssige Grausamkeit gewesen. Die höchste Liebestat Gottes umfaßt zugleich ewiges Heil und Unheil."[102]

Kommen wir auf den umstrittenen Satz aus dem Buch „Zeichen des Widerspruchs" zurück. Jemand könnte den damaligen Kardinal Wojtyła verteidigen wollen und gegen meine Argumentation einwenden: „Kennst Du etwa den hl. Paulus nicht vollständig? Was sagt der denn selbst z.B. in Röm 5, 18[103]?" In der Tat lesen wir bei Paulus einen Satz, der, oberflächlich betrachtet, den Papst zu entlasten scheint, wenn dieser davon spricht, daß „alle Menschen gerechtfertigt sind".[104] Paulus sagt nämlich an genannter Stelle: „Wie es nämlich durch des einen Menschen (sc. Adam, Verf.) Missetat für alle Menschen zur Verdammnis kam, so auch durch die Rechtstat des einen (sc. Jesus Christus, Verf.) für alle Menschen zu Gerechtwerdung (Rechtfertigung)

[101] Enchiridion de fide, spe et caritate 18,67, Zitat nach der zweisprachigen Ausgabe von J. Barbel, Düsseldorf 1960, 124 f.

[102] Anton Ziegenaus, Die Vernachlässigung der eschatologischen Fragen. Konsequenzen einer Schwerpunktverlagerung, in: Die Letzten Dinge, hrsg. von Franz Breid, Steyr 1992, 245 f.

[103] Es gibt noch weitere ähnliche Stellen, z.B. Tit 3,7.

[104] Dörmann berücksichtigt diesen Einwand a. O. nicht.

und Leben (wörtlich: des Lebens[105])." Eindeutig heißt es hier im griechischen Urtext „für alle Menschen" (eis pantas anthrōpous; lateinisch: in omnes homines). Es ist ferner nicht zu bestreiten, daß an die Rechtfertigung gedacht ist (griechisch: eis dikaiōsin zōēs; lateinisch: in iustificationem vitae). Werden also dem Effekt nach vielleicht doch alle Menschen gerechtfertigt? Keineswegs! Man darf einfach nicht viele andere Stellen des Corpus Paulinum aus dem Auge verlieren. Der wertvolle Bibelkommentar des bedeutenden protestantischen Gelehrten Theodor Zahn erläutert Pauli Aussage in Röm 5,18 überzeugend so: „Gesagt ist nur, daß die in dem gerechten Erdenwandel des Menschen Jesus ausgesprochene gnädige Absicht Gottes, den Menschen zu einer Rechtfertigung und damit zum Leben zu verhelfen, ebenso auf alles, was Mensch heißt, abziele, als die von Adams Sünde ausgegangene Wirkung auf die Menschheit sich erstreckt. Daß diese Heilsabsicht an den Einzelnen ihr Ziel nur unter der Bedingung erreicht, daß ihnen das Ev gepredigt und von ihnen im Glauben aufgenommen wird, und daß diese Bedingtheit der Rechtfertigung und des Lebens in der universalen Heilsabsicht Gottes gelegen ist, brauchte nach allem, was seit 1, 16 f. und besonders seit 3,22 darüber gesagt war, hier nicht wiederholt zu werden."[106] Zuvor hatte Zahn schon darauf aufmerksam gemacht, daß die Rechtfertigung vom Glauben (die Werke läßt er als Lutheraner natürlich aus!) abhängt, von welchem seinerseits 2 Thess 3,2 gelte: „Nicht alle haben den Glauben" (ou pantōn hē pistis; lateinisch: non omnium est fides).[107] In einer zugehörigen Fußnote[108] kann Zahn also als Quintessenz festhalten: „Die Lehre von der sogen. (das folgende ist im Original, wie immer bei Zahn, mit griechischen Buchstaben geschrieben) *apokatastasis panton* (ungefähr mit „Allerlösung" wiederzugeben, Verf.) hat an Rm 5,18 keine Stütze." Wir hatten ja selbst oben schon Röm 5, 1 herangezogen, jenen Vers, der gerade das fünfte Römerbriefkapitel einleitet und deutlich die Abhängigkeit der Rechtfertigung im Sinne ihrer Effizienz vom Verhalten des Menschen betont.

Man muß also dem Papst zumindest vorhalten, daß er, wenn er

[105] Es handelt sich hier im Griechischen nicht um einen Genitivus obiectivus, sondern um einen Genitivus explicativus: Nicht das Leben wird gerechtfertigt, sondern der Mensch wird gerechtfertigt und erhält das (ewige) Leben.

[106] Kommentar zum Neuen Testament, Der Brief des Paulus an die Römer, ausgelegt von Theodor Zahn, Leipzig 1910, 283

[107] a. O. 282

[108] a. O. 283 Anm. 62

sich in glaubenstreuer Intention auf derartige aus sich heraus nicht eindeutige Paulusstellen wie Röm 5,18 für seine Aussage in den Exerzitienpredigten berufen haben sollte, unbedingt ein klärendes Wort hätte beifügen müssen. Nun, das hat er in der Tat getan, aber leider gerade ein solches, das in die gegenteilige Richtung zielt! Denn nur wenige Seiten weiter liest man folgende, uns teilweise schon bekannte Gedanken: "Nach diesen Worten (gemeint sind unmittelbar zuvor zitierte Sätze aus GS Nr. 10 des II. Vatikanums) war die Geburt der Kirche im Moment des messianischen, erlösenden Todes Christi im Grunde auch die Geburt des Menschen, und zwar unabhängig davon, ob der Mensch dies weiß oder nicht, dies annimmt oder nicht. In diesem Moment hat der Mensch eine neue Dimension seines Daseins erhalten, die von Paulus kurz und bündig ‚Sein in Christus' genannt wird (vgl. Röm 6,23; 8, 39; 9,1; 12,5; 15, 17; 16,7 und in weiteren Briefen)."[109] Es entspricht traditionellem christlichem Glauben, daß der erlösende Tod Christi die Geburtsstunde seiner Kirche war.[110] Es widerspricht aber völlig der Überlieferung, daß im selben Moment auch die gnadenhafte Geburt jedes Menschen stattfinden soll, völlig unabhängig von irgendeiner Form einer Mitwirkung desselben! Kirche und Menschheit fielen dann ja letztlich in eins! Und daß das Gnadenleben jedes Einzelnen und nicht seine rein natürliche Existenz als Mensch gemeint ist, zeigt zum einen schon klar der Kontext. Sollte man hier dennoch zögern, braucht man nur einen Blick in die angeführten Römerbriefstellen zu werfen, die Kardinal Wojtyła für das Konzept vom „Sein in Christus" anführt: Es handelt sich zweifelsfrei um ein realisiertes, nicht nur angebotenes übernatürliches Leben in Christus (ganz deutlich z.B. in Röm 6, 23 und 12,5).

Ähnlich wie schon als Kardinal drückte sich Karol Wojtyła dann auch als Papst aus[111]: "Denn der Mensch - und zwar jeder Mensch ohne

---

[109] a. O. 108

[110] J. Dörmann, Der theologische Weg Johannes Pauls II. zum Weltgebetstag der Religionen in Assisi, Bd. I, 65. Vgl. Achille M. Triacca, Nel mistero del sangue di Cristo la vita della Chiesa, Città del Vaticano 2003, Kapitel "Il sangue di Cristo: Mistero di alleanza nella vita coniugale contributo alla spiritualità matrimoniale,", dort v.a. 111 Anmm. 3 und 4. Von geradezu klassischem Wert ist noch immer der v. a. das Kirchenvätermaterial unter verschiedenen Aspekten beinahe erschöpfend präsentierende Aufsatz von S. Tromp S.I., De nativitate Ecclesiae ex Corde Iesu in Cruce, Gregorianum 13/1932, 489-527.

[111] Vgl. J. Dörmann, Der theologische Weg Johannes Pauls II. zum Weltgebetstag der Religionen in Assisi, II./1, Senden/Westf. 1992, 21-42. Die Bedeutung der Werke Dörmanns für

jede Ausnahme - ist von Christus erlöst worden. Christus ist mit jedem Menschen, ohne Ausnahme, in irgendeiner Weise verbunden, auch wenn sich der Mensch dessen nicht bewußt ist." (RH 14) - "Da in ihm die menschliche Natur angenommen wurde, ohne dabei verschlungen zu werden, ist sie dadurch auch schon in uns zu einer erhabenen Würde erhöht worden. Denn er, der Sohn Gottes, hat sich in seiner Menschwerdung gewissermaßen mit jedem Menschen vereinigt (Gaudium et spes 22)." (RH 8) Hier wird nach Vorgabe der „Nouvelle théologie“ nicht zwischen Natur und Gnade unterschieden. - Der Papst fordert die Menschheit schließlich auf zum "Kampf für jene Würde, die jeder Mensch in Christus erreicht hat und beständig erreichen kann. Es ist die Würde der gnadenhaften Gotteskindschaft und zugleich die Würde der inneren Wahrheit des Menschseins..." (RH 11) Zur Kontrolle soll auch der lateinische Originaltext vorgestellt werden: „...pugnamus pro illa dignitate, quam quisque homo assecutus est perpetuoque attingere valet in Christo. Quae quidem est gratiae ipsius adoptionis divinae dignitas ac simul dignitas veritatis interioris humani generis... »[112] Bleibt bei dieser Konzeption noch Platz für die Erbsünde und ihre Folge, nämlich die Trennung von Gott? Was soll heißen: „die jeder Mensch in Christus erreicht hat und beständig erreichen kann“? Gemeint ist, wie aus dem folgenden Satz hervorgeht, ja offenkundig die Würde der „gnadenhaften Gotteskindschaft“, also die gnadenhafte, übernatürliche Beziehung des Menschen zu Gott – ganz unabhängig davon, woran bei dem folgenden unscharfen Begriff „die Würde der inneren Wahrheit des Menschseins“ gedacht ist. Hat nun jeder Mensch diese Gnade nur „in potentia“, d.h. der Möglichkeit, dem Angebot Gottes nach, erreicht, oder, unabhängig von seinem persönlichen Verhalten, auch „in actu“, der aktuellen Wirklichkeit nach? Im letzteren Fall, der sich vom Wortlaut, so wie man ihn normalerweise auffassen würde, näherliegt, bräuchte der Mensch die Gnade aber nicht mehr zu erreichen, und das zweite Kolon wäre überflüssig, ja unverständlich.[113] Wir befänden uns

---

das Verständnis der Theologie Johannes Pauls II. kann gar nicht hoch genug eingeschätzt werden.

[112] AAS 71/1979, 277

[113] Theoretisch könnte sich das erste Satzkolon auf das Gnadenangebot, das zweite auf die Gnadeneffektivität beziehen. Eine solche Deutung wirkt aber sehr künstlich. Fühlt man sich hier nicht eher an jene Charakterisierung Rahnerscher Anthropologie durch P. Markus Christoph SJM erinnert, nach der „der Mensch die ‚Selbstmitteilung Gottes' als gnadenhafte empfangen kann, welche aber umgekehrt geschichtlich immer schon zu seinem Wesen als Mensch gehört“? Der Verfasser dieser Worte fährt dann fort: „Sich kontradikto-

dann in gefährlicher Nähe zur Allerlösungstheorie.
Wer dächte, sofern er nur ein wenig die Theorien Rahners kennt, bei derartigen päpstlichen Äußerungen nicht an Sätze jenes Gelehrten, wie sie sich beispielsweise in seinem berühmten Aufsatz "Zur Theologie der Menschwerdung" finden: "Wer darum (auch noch fern von jeder Offenbarung explizierter Wortformulierung) sein Dasein, also seine Menschheit, annimmt, ... der sagt, auch wenn er es nicht weiß, zu Christus Ja... Wer sein Menschsein ganz annimmt ... der hat den Menschensohn angenommen, weil in ihm Gott den Menschen angenommen hat."[114] Viele vom selben Geist geprägte Äußerungen finden sich an anderen Stellen seiner Werke, z.B. diese: "Der Mensch... ist dadurch allein Mensch, daß er immer schon auf dem Weg zu Gott ist, ob er es ausdrücklich weiß oder nicht, ob er es will oder nicht, denn er ist immer die unendliche Geöffnetheit des Endlichen für Gott."[115] Hier wird eindeutig verkannt, daß das „desiderium naturale“, die (rein!) natürliche Sehnsucht nach Gott, aus sich heraus ohne den Gnadenanstoß Gottes unwirksam ist, wie St. Thomas von Aquin lehrt. Rahner läßt diese katholische Position mit seiner Konzeption vom „übernatürlichen Existential“ nicht gelten.[116] So kommt es, daß heute allenthalben gegen den scholastischen Begriff der „potentia oboedientialis“ („Möglichkeit/Fähigkeit zum Gehorsam, nämlich gegenüber dem Gnadenanstoß Gottes), der mit dem des richtig verstandenen „desi-

---

risch widersprechende Aussagen dieser Art sind grundgelegt in der Anthropologie Rahners. Sie sind nicht Anzeichen einer fehlenden Folgerichtigkeit der Gedankenführung, sondern exakter Ausdruck der Doppeldeutigkeit seines Menschenbildes.“ (Karl Rahners Anthropologie und Gnadenlehre, Theologisches 34,4-5/2004, 255 f.; der Aufsatz ist auch abgedruckt in: Karl Rahner - Kritische Annäherungen, 267-297, Zitat 279). Das kommt eben dabei heraus, wenn man absichtlich und offenkundig mit unguten Hintergedanken auf die Klarheit der scholastischen Terminologie verzichtet!

[114] Ursprünglich veröffentlicht in: Catholica 12/1958, dann: Schriften zur Theologie, Bd. IV, Einsiedeln usw. 1964 (4. Aufl.), 154. Moderne Theologen sprechen Rahner diesen Gedanken gebetsmühlenartig nach, z.B. Herbert Haag und Hubert Halbfas (siehe David Berger, Die postkonziliare Religionspädagogik in Deutschland, Theologisches 29,7/1999, 351).

[115] Hörer des Wortes, München 1941, 852 (2. Aufl. München 1963, 86). Eine Kurzfassung dieses Zitates ist in englischer Übersetzung abgedruckt und mit Recht scharf zurückgewiesen in der vorzüglichen Schrift des bekannten Indologen und beherzten Streiters für die katholische Wahrheit Paul Hacker, Theological Foundations of Evangelization, 2. Aufl. St. Augustin 1983, 65. Kardinal Ratzinger schätzte übrigens Hacker sehr. Er verfaßte das Vorwort zur Erstauflage seines Lutherbuches und erwähnte ihn, den er seinen Freund nannte, mit warmen Worten in seiner Autobiographie „Aus meinem Leben – Erinnerungen“, Stuttgart 1998, 95-99.

[116] Näheres hierzu siehe bei D. Berger, Thomismus. Große Leitmotive der thomistischen Synthese und ihre Aktualität für die Gegenwart, Köln 2001, 214-224.

derium naturale“ korreliert, polemisiert wird und man beispielsweise behauptet, Rahner habe über das „übernatürliche Existenzial“ einen Zugang zu Gott geschaffen, zu ihm, der vorher „das absolute Geheimnis des Menschen“ gewesen sei; diese Konzeption habe „aus der grauen ‚Potentia oboedientialis’ der Neuscholastik einen lebensvollen Begriff gemacht.“ Übrigens hätte der Paderborner Theologe und Naturwissenschaftler Dieter Hattrup, der diese Gedanken vortrug[117], schon ein Blick in das berühmte Thomas-Lexikon von Ludwig Schütz (S. 616) erkennen lassen, daß es sich hier nicht nur um einen „neuscholastischen“, sondern sehr wohl um einen „scholastischen“ Terminus handelt, den auch der hl. Thomas von Aquin benutzt hat. Aber immer wieder versucht man ja heute, die Neuscholastik verächtlich zu machen und gibt vor, die wahre Scholastik retten zu wollen!

Eine erstaunliche Aussage Papst Johannes Pauls II. und ihre Korrektur

Zum Abschluß unserer Ausführungen zur katholischen Lehre von der Erbsünde und ihrer modernen Veränderung wollen wir uns noch einem letzten Themenbereich zuwenden, bei dem man die Folgen des falschen Neuansatzes besonders deutlich dokumentieren kann, nämlich bei der Frage nach dem Heil der ungetauften Kinder.

Vor einigen Jahren wandte sich Johannes Paul II. in seiner unter manchen Aspekten wertvollen Enzyklika „Evangelium vitae“ an Mütter, die ihr ungeborenes Kind getötet haben. Dabei sprach er Worte aus, die sich, so gut sie gemeint gewesen sein mögen, in ihrer dogmatischen Konsequenz verheerend auswirken. So las man in der ersten Fassung des päpstlichen Rundschreibens: „Ihr werdet merken, daß nichts verloren ist, und werdet auch euer Kind um Vergebung bitten können, das jetzt im Herrn lebt.“[118] Die zitierte Übersetzung gibt den originalen lateinischen Text korrekt wieder; dieser hatte zunächst geheißen: „Tunc percipietis nihil periisse et licebit vobis etiam ab infante vestro veniam petere, qui nunc in Domino vivit.“[119]. Offenbar

[117] Dem Jugendlichen eine Wonne, dem Erwachsenen ein Unbehagen – Persönliche Erinnerungen eines Rahner-Schülers, Forum „100 Jahre Karl Rahner“, DT vom 4. März 2004, S. 16.

[118] Enzyklika „Evangelium vitae“ vom 25. März 1995, Nr. 99, Zitat nach: Verlautbarungen des Apostolischen Stuhls 120/1995, 118 f.

[119] Iohannis Pauli PP. II Summi Pontificis Litterae encyclicae „Evangelium vitae“, Libreria Editrice Vaticana MCMXCV, 123

entsprach diese Version Johannes Pauls II. eigenem Denken; es unterschied sich anscheinend in dieser Frage nicht wesentlich von dem, was die deutschen Bischöfe in einer Stellungnahme gesagt haben, auf die wir am Schluß noch zu sprechen kommen. Die in den *Acta Apostolicae Sedis* (AAS 87/1995, 515) schließlich abgedruckte Fassung lautet jedoch ganz anders: „Infantem autem vestrum potestis Eidem Patri Eiusque misericordiae cum spe committere". Diese Version findet sich jetzt auch auf der Internetseite des Vatikans. Auf Deutsch würde die abgemilderte Fassung heißen: „Euer Kind aber könnt ihr demselben Vater und Seiner Barmherzigkeit mit Hoffnung anvertrauen." In den deutschen Text, der ja heutzutage bei uns in der Regel ausschließlich zitiert wird, ging die Korrektur jedoch nicht mehr ein. Das gilt erstaunlicherweise auch für die vatikanische Homepage, wo ja jederzeit leicht eine Änderung vorgenommen werden könnte (www.vatican.va, Stand vom 16. 10. 2010).

Die Lehre vom „limbus puerorum"

Durch eine derartige päpstliche Verlautbarung – und das gilt in abgeschwächter Form selbst für den korrigierten Text - wird die ganze Tragödie verharmlost, die bei der Tötung im Mutterschoß neben anderen Aspekten ja gerade darin besteht, daß das kleine Kind nicht mehr durch die Taufe zu einem Kind Gottes werden konnte. Vielmehr kann es nur zu einem rein natürlichen Glückszustand im „limbus puerorum" („Randgebiet der [ungetauften] Kinder") unter Ausschluß von der Anschauung Gottes, freilich ohne persönliche Bestrafung, gelangen. Genau das hatte noch Pius XII. in seiner berühmten Ansprache an die italienische Hebammenvereinigung aus dem Jahre 1951 gelehrt, wir werden uns die entscheidende Passage weiter unten anschauen.[120] Hinter ihm stand die ganz sichere und durchgängige Tradition der Päpste und der Konzilien, wie Peter Christoph Düren nachweisen konnte.[121] Es handelt sich also keineswegs nur um eine mehr oder minder verbreitete Auffassung der Theologen, die sich auch ändern ließe. Denn schließlich stehen hier die Worte Jesu von der Notwendigkeit der Taufe für das ewige Leben (Joh 3,5) und, eng damit zusammenhängend, die

---

[120] AAS 43/1951, 841

[121] Peter Christoph Düren, Die Rechtfertigung Unmündiger ohne Taufe aufgrund einer im Zusammenhang mit dem Tod stehenden Entscheidungsmöglichkeit, *Doctor angelicus* 1/2001, 74-77.

ganze Gnadenlehre der katholischen Kirche auf dem Spiel. Die „Wiedergeburt aus Wasser und Hl. Geist“ (nach der Vulgatafassung der zitierten Bibelstelle) kann ja beim noch nicht zur Vernunft gelangten Ungeborenen oder Kleinkind nicht etwa durch ein *Votum implicitum*, d. h. bei nicht ausreichender Kenntnis der Botschaft Christi durch einen unausgesprochenen Wunsch ersetzt werden, der Wahrheit anzuhangen, indem man mit der individuell zugeteilten Gnade in Glaube und Liebe mitwirkt.[122]

Die theologische Notwendigkeit des „limbus“

Wie aber soll das Kind, das noch nicht über den Vernunftgebrauch verfügt und keine eigene Akte des Verstandes setzen kann, zur übernatürlichen Seligkeit gelangen? Das müßte uns auch Johannes Paul II. zuverlässig und überzeugend erklären, der ja mittlerweile die Herausgabe eines neuen vatikanischen Dokumentes der Internationalen Theologischen Kommission zugelassen hat.[123] Es trägt den Titel

---

[122] 1949 betonte das Heilige Offizium in seinem Brief an den Erzbischof von Boston (DH 3866-3873), daß die Lehre vom "votum implicitum" ("einschlußweises Verlangen“, sc. nach der Taufe; der bekannte Begriff wird hier ausdrücklich verwendet) von der Sache her die ganze Kirchengeschichte über gegolten hat. In der Neuzeit hatten die Päpste mehrfach eine rigoristische Verengung des Satzes "Extra Ecclesiam nulla salus" („Außerhalb der Kirche kein Heil“; auf dem IV. Laterankonzil endgültig dogmatisiert, siehe DH 802) abgelehnt, so Alexander VIII. im Jahre 1690 und Clemens XI. im Jahre 1713 (DH 2305, 2429). Pius IX. erinnerte freilich noch einmal daran, daß eine Heilsmöglichkeit außerhalb der formalen Kirchenzugehörigkeit nur für solche Menschen besteht, die im Bezug auf Christi Botschaft an einem unüberwindlichen Irrtum (invincibili ignorantia, DH 2866) leiden. Diese Bedingung sollte man weder rigoristisch verengen noch laxistisch bei mehr oder minder allen Menschen erfüllt sehen.

Die Lehre von der „Begierdetaufe“ (allerdings zunächst nur im Sinne des *ausdrücklichen* Verlangens nach dem Sakrament) wird übrigens zum ersten Mal vom hl. Ambrosius in der Leichenrede für Kaiser Valentinian II. erwähnt, der, ohne getauft worden zu sein, gestorben war (siehe Ernst Dassmann, Ambrosius von Mailand – Leben und Werk, Stuttgart 2004, 178 f.).

[123] Siehe zu den Diskussionen in jüngerer Zeit Johannes Maria Schwarz, Zwischen Limbus und Gottesschau. Das Schicksal ungetauft sterbender Kinder in der theologischen Diskussion des zwanzigsten Jahrhunderts. Ein theologiegeschichtliches Panorama, Kisslegg 2006; das Buch erschien noch vor der Veröffentlichung des vatikanischen Dokumentes, nimmt aber schon Bezug auf den Plan Johannes Pauls II., einen solchen Text erarbeiten zu lassen. Das Dokument der Internationalen Theologenkommission erwähnt diese wichtige Arbeit überhaupt nicht. Manfred Hauke ging dann noch einmal auf die Problematik ein, nachdem der Text erschienen war, und verteidigte - mit kleinen Zugeständnissen an modernes Denken - die traditionelle Position der Kirche (Abschied vom Limbus? Theologisches 37,7-8/2007, 258-266). Hauke erinnerte, was die dogmatische Wertigkeit des Dokumentes angeht, zu Recht an folgendes, gelegentlich übersehenes Faktum: „Die Stellungnahme der Internationalen Theologenkommission ist vom Heiligen Vater approbiert worden als Hilfe

THE HOPE OF SALVATION FOR INFANTS WHO DIE WITHOUT BEING BAPTISED bzw. in der italienischen Fassung *LA SPERANZA DELLA SALVEZZA PER I BAMBINI CHE MUOIONO SENZA BATTESIMO* und ist auf der Homepage des Vatikan abrufbar.

Das Dokument schafft zwar nicht den „Limbus puerorum" ab, wie manche progressive Theologen im Vorfeld der Herausgabe des Textes gehofft und spekuliert hatten[124], begegnet ihm aber doch mit einer gewissen Skepsis. Düren hatte jedoch bereits in seinem Aufsatz hieb- und stichfest nachgewiesen, daß jeder Versuch, eine eigene Entscheidung des Kleinstkindes ganz kurz vor, im oder ganz kurz nach dem Tod zu postulieren, jeglicher Vernunft widerspricht, obgleich letzterer Aspekt schon von Kardinal Cajetan de Vio, dessen Kommentar zur Summe des hl. Thomas in die Editio Leonina aufgenommen wurde, vertreten worden war.[125] Ebensowenig lassen sich pränatale Taufe, Ferntaufe bzw. stellvertretende Begierdetaufe theologisch ausreichend wahrscheinlich machen. Die immer wieder propagierte Hoffnung auf die beseligende Anschauung Gottes bei den ungetauften Kindern kann sich also allenfalls auf eine „spes contra spem", eine „Hoffnung wider alle Hoffnung" stützen, in irgendeiner Weise theologisch rechtfertigen läßt sie sich letztlich nicht.

Pius XII. verkündete noch die traditionelle Lehre

Um die Abweichung von der traditionellen Lehre hieb- und stichfest zu dokumentieren, schauen wir uns die schon genannte Stellungnahme Papst Pius XII. noch im Wortlaut an. Der „Pastor angelicus" betonte in seiner – auch aus anderen Gründen - berühmten Ansprache des Jahres 1951 an die Vereinigung katholischer Hebammen Italiens[126] noch einmal den ganzen Ernst der Verpflichtung zur Neuge-

---

für das gläubige Nachdenken, bildet aber selbst keineswegs ein Dokument des Lehramtes." (a. O. 259)

[124] In Nr. 41 wird zugestanden, daß die „Theorie vom Limbus ... eine mögliche theologische Meinung bleibt" („...rimane un'opinione teologica possibile"). Aber diese Lehre stellt mehr dar als nur eine „theologische Meinung", wie Düren schon vor dem Erscheinen des vatikanischen Dokumentes zu Recht betont hatte.

[125] Zu jenem Vorläufer der „Illuminationstheorie" siehe Düren a. O., v. a. 84-86

[126] Es werden dort z. B. auch die Indikationen für die erlaubte Vermeidung weiteren Nachwuchses in der Ehe durch die sog. natürliche Verhütungsmethode genannt, d. h. durch den Verzicht auf den ehelichen Verkehr an den fruchtbaren Tagen der Frau.

borenentaufe: „Wenn das, was wir bis jetzt gesagt haben, den Schutz und die Sorge um das natürliche Leben betrifft, so muß es mit umso mehr Grund für das übernatürliche Leben gelten, welches das Neugeborene mit der Taufe erhält. In der gegenwärtigen Heilsordnung gibt es kein anderes Mittel, dem Kind, das noch nicht den Gebrauch der Vernunft hat, dieses Leben zu vermitteln. Und doch ist der Stand der Gnade im Augenblick des Todes für das Heil unbedingt notwendig. Ohne ihn ist es nicht möglich, zum übernatürlichen Glück, zur beseligenden Schau Gottes zu gelangen („senza di esso non è possibile giungere alla felicità soprannaturale, alla visione beatifica di Dio" heißt es im italienischen Original). Für den Erwachsenen kann ein Akt der Liebe genügen, um die heiligmachende Gnade zu erlangen und die fehlende Taufe zu ersetzen; aber dem noch nicht oder soeben geborenen Kinde steht dieser Weg nicht offen. Wenn man nun bedenkt, daß die Liebe zum Nächsten uns auferlegt, in einem Notfall ihm beizustehen; daß diese Verpflichtung um so schwerer und drängender ist, je größer das Gut ist, das es zu erreichen, oder das Übel, das es zu vermeiden gilt, und je weniger der Bedürftige fähig ist, sich selbst zu helfen und zu heilen: dann ist es leicht zu verstehen, wie wichtig es ist, sich um die Taufe des Kindes zu kümmern, das noch jeglichen Gebrauchs der Vernunft entbehrt und das sich in schwerer Gefahr oder sogar vor dem sicheren Tode befindet."[127]

Nur wenige Jahre später verfaßte Alois Winklhofer, worauf Düren aufmerksam machte,[128] einen bezeichnenden Kommentar zu dieser Erklärung des großen Pacelli-Papstes: „Was wir darin hören, ist die Sprache der vortridentinischen Äußerungen des Magisteriums, der tridentinischen und nachtridentinischen, des Magisteriums, das an keinem Ort der ‚liberalen' Theorie Rechnung trägt..."[129] Wir halten also fest: Sich zur absoluten Heilsnotwendigkeit des Vollzugs der Wassertaufe bei einem Neugeborenen zu bekennen, entspricht der vortridentinischen, der tridentinischen und der nachtridentinischen Sprache der Kirche, also offenbar ihrer *ständigen* und damit letztlich *apostolischen* Lehre. Hiervon abzuweichen entstammt dem Geist einer liberalen Haltung. Demaskierender könnte sich wohl ein Befürworter

[127] AAS 43/1951, 841

[128] a. O. 76

[129] *Das Los der ungetauft verstorbenen Kinder. Eine Untersuchung zum gegenwärtigen Stand der Frage*, in: *MThZ* 7/1956, 49.

von Neuerungen kaum ausdrücken! Allerdings muß man zugeben, daß Winklhofer – im Unterschied zu derzeitigen Stellungnahmen – noch sehr vorsichtig vorging, prinzipiell unbedingt an der Notwendigkeit der Säuglingstaufe festhielt und, wenn er auch persönlich auf die Wirksamkeit einer stellvertretenden Begierdetaufe durch einen entsprechenden Akt der Eltern (votum vicarium parentum[130]) hoffte, eine Gefährdung der Nichtgetauften einräumte.[131]

Freilich müßte man anerkennen, daß ein Abweichen von der traditionellen Lehre der Kirche, wie es Winklhofer hier vorschlägt, nichts oder nur wenig löst. Denn es erhebt sich doch sofort die nächste Frage, wie es dann um die ungetauften Kinder von Eltern nichtchristlichen Bekenntnisses bestellt ist. Für sie kann ja eine solche „stellvertretende Begierdetaufe" im expliziten Sinn wohl kaum angenommen werden. Oder sollte sich diese etwa auch im „votum implicitum" entsprechend disponierter nichtchristlicher Eltern ausdrücken können? Und was geschieht mit den Kindern derjenigen Väter und Mütter, die ungläubig sind, weil sie die ihnen von Gott individuell zugeteilte Gnade abweisen und in selbstgewählter Gottesferne leben? Folgt man Winklhofer und ähnlich denkenden Theologen und schlägt hier einen neuen Weg ein, wird man letztlich konsequenterweise zum Heil aller ungetauften Kleinkinder gelangen. Damit ist aber die Erbsünde und das einzige Mittel, von ihr befreit zu werden, nicht mehr ernst genug genommen. Das dürfte den modernen Vertretern der ökumenistischen und interreligiösen Theologie gefallen. Denn diese sind ja stets eifrig bestrebt, auch den anderen Religionen ohne eine christliche Taufe den Charakter von Heilsinstitutionen (wenn auch vielleicht etwas niederer Qualität) zuzusprechen, ja sogar überzeugte Atheisten nicht vom Heil auszuschließen – einen glaubenstreuen Katholiken beunruhigen derartige Visionen jedenfalls!

Kardinal Journets Buch

Einen zentralen geistigen Hintergrund der modernen Versuche, auf die Lehre vom „limbus puerorum" zu verzichten und demnach auch für ungetaufte Kinder die Anschauung Gottes zu postulieren, hat der

[130] a. O. 55 f.
[131] a. O. 57 f.

bedeutende Theologe Charles Journet in seinem wichtigen Buch „La volonté divine salvifique sur les petits enfants“ vorgestellt, das im Jahre 1958 erschien und leider heute weitgehend unbekannt zu sein scheint.[132] Dort verteidigte er kompromißlos die traditionelle Lehre vom „limbus puerorum“, die er mit Recht zur unaufgebbaren, festen Lehre der Kirche zählte.[133] Jener Gelehrte war aber, wie mancher Zeitgenosse jetzt vielleicht denken könnte, durchaus kein intransigenter „Traditionalist“ oder „Fundamentalist“. Sonst wäre er sicherlich nicht von Papst Paul VI. mit dem Kardinalspurpur ausgezeichnet worden!

In seinem Schlußkapitel zieht Kardinal Journet nun in der 1. Person des Plurals das Fazit seiner Ausführungen und erklärt, was notwendigerweise passieren würde, wenn wir meinten, uns vom „limbus puerorum“ verabschieden zu müssen: „Unbewußt laufen wir dann Gefahr, in den Irrtum derjenigen zu geraten, die ‚die Ungeschuldetheit der übernatürlichen Ordnung beschädigen, indem sie behaupten, Gott könne keine vernunftbegabten Lebewesen schaffen, ohne sie auf die glückselige Schau hinzuordnen und sie zu ihr zu berufen’ (in der Fußnote erscheint ein Hinweis auf die Quelle des Zitats, die Enzyklika Papst Pius XII.’ *Humani generis* vom 12. August 1950).“[134] Nach allem, was wir in der katholischen Theologie der letzten Jahrzehnte erlebt haben, darf man die so vornehm und zurückhaltend vorgetragenen Worte Journets sogar noch verschärfen: Man muß ja wohl von einem durchaus bewußten und gezielten Handeln der Vertreter jener neuen Position gegen die katholische Lehre sprechen, die Papst Pius XII. noch so deutlich und kompromißlos verteidigt hatte.

Überzeugend erklärte der spätere Kardinal dann in seinem Schlußsatz noch einmal, warum jenen unmündigen Kindern, die ohne Taufe sterben, keine ungebührliche und ungerechte Strafe auferlegt wird: „Innerhalb der Welt des Geheimnisses der angenommenen und der zurückgewiesenen Gnade stellen die ohne Taufe gestorbenen Kinder die Welt der wiederhergestellten Natur dar, der einfachen menschli-

---

[132] Selbst der sehr belesene Theologe Peter Christoph Düren hat es in seiner sonst so gelehrten Abhandlung nicht berücksichtigt. Das Dokument der Internationalen Theologischen Kommission erwähnt das Buch allerdings in Anm. 55, zusammen mit anderer wichtiger Literatur.

[133] Siehe z.B. a. O. 167 f.

[134] Journet a. O. 181. Eigene Übersetzung des französischen Originals.

chen Natur so, wie Gott die Möglichkeit gehabt hätte, sie erschaffen zu wollen, um sie ewig glücklich zu machen.“[135] Wenn ich, wie die „Nouvelle théologie“ es propagiert, nicht mehr klar zwischen Natur und Gnade unterscheide[136] und die Möglichkeit eines Zustandes der „natura pura“, der reinen Natur ohne Begnadung, sogar auf der theoretischen Ebene ablehne, kommt mir ein solcher Satz, wie ihn Kardinal Journet vorgetragen hat, natürlich, gelinde gesagt, befremdend vor. Aber der große Theologe wußte sehr genau, wie tief seine Konklusion in der verbindlichen katholischen Doktrin verwurzelt ist.

Pater Cantalamessas „Abschied vom Limbus“

Bereits durch unsere knappe Zusammenfassung der katholischen Argumente für die Beibehaltung der Lehre vom „limbus puerorum“ sind eigentlich nahezu alle Einwände gegen dessen Existenz implizit unschädlich gemacht, die der Kapuzinerpater Raniero Cantalamessa, der offizielle Prediger des Päpstlichen Hauses, in seiner Homilie zum 6. Januar 2006 vorgetragen und dann durch eine spätere Erklärung noch vertieft hatte. Wir wollen uns seine Worte etwas genauer anschauen, weil sie charakteristisch für die Auseinandersetzung sind, wie sie heute immer wieder geführt wird. Außerdem fanden die Ausführungen weltweit große Verbreitung durch die Presse, die sie teilweise geradezu gierig aufgriff. Und das bleibt nicht ohne Folgen bei einem Theologen, der als Verfasser vieler spiritueller Bücher weltweit bis in traditionstreue Kreise hinein eine nicht zu unterschätzende Reputation besitzt!

Die Predigt selbst war in italienischer Sprache unter dem Titel „Il predicatore del Papa invita a riscoprire il proprio Battesimo“ zugänglich in der italienischen Ausgabe von www.zenit.org mit Datum vom 6. Januar 2006. Am 24. Januar veröffentlichte der englischsprachige Dienst von ZENIT einen Kommentar von Pater Cantalamessa, den dieser seiner Predigt nachschob, als sich Protest gegen den „Abschied vom Limbus“ erhoben hatte. Ich greife auf beide Dokumente zurück und gebe den Text jeweils in eigener deutscher Übertragung

---

[135] Journet a. O. 185

[136] Mit Recht trat David Berger in seinen thomistischen Studien immer wieder mit überzeugenden Argumenten für die Notwendigkeit dieser Unterscheidung (nicht Trennung!) ein, siehe z. B. in: Thomismus – Große Leitmotive der thomistischen Synthese und ihre Aktualität für die Gegenwart, Köln 2001, 207-246.

wieder. Dabei ist es nicht meine Absicht, Argument für Argument zu widerlegen, sondern es sollen exemplarisch nur die wichtigsten Bedenken des Kapuzinerpaters zurückgewiesen werden. Cantalamessas Einlassungen waren sicher mit dem Vatikan abgesprochen und sollten letztlich auch das spätere vatikanische Dokument vorbereiten helfen, das freilich teilweise etwas differenzierter argumentiert.
Cantalamessa versuchte in seinen Ausführungen die emotionale Karte zu spielen und sein Publikum auf der Gefühlsebene gegen die traditionelle Lehre vom „limbus puerorum" einzunehmen. Jener eigentlich billige Trick verfängt aber nicht, wenn man Kardinal Journets Überlegungen hinzunimmt, die ja nicht seiner Privatmeinung, sondern dem katholischen Magisterium und der sicheren Tradition der Kirche entstammen. Es besteht daher keinerlei Grund, zu befürchten, daß die Lehre vom „limbus puerorum" „jeden Nichtgläubigen glücklich machen würde, dem christlichen Glauben fernzustehen", wie Cantalamessa mahnte. Vielmehr ist es unsere Aufgabe als Katholiken, sie ihm richtig zu erklären.
Auf der Basis, von der Cantalamessa ausgeht, dürfte sich eine solche Exegese freilich schwierig gestalten. Denn der päpstliche Hausprediger verkürzt die Strafen der Hölle auf das Fehlen der Anschauung Gottes und setzt dadurch den Zustand der persönlich unschuldigen, aber mit der Erbsünde belasteten Kinder mit dem Schicksal der unbußfertigen Todsünder völlig in eins. Das sollte offenbar abermals auf das Gefühl der Leser und Hörer wirken. Wer sich aber einen kühlen Verstand bewahrt hat, sieht den gewaltigen Unterschied: Der Verdammte erleidet nach heute noch gültiger katholischer Lehre über die Gottesferne hinaus Qualen verschiedener Art an seiner Seele (und nach dem Jüngsten Gericht auch am Körper).
Eine überzeugende Erklärung dieser eschatologischen Wahrheit findet man in einer Dogmatik der letzten Jahre: „Da aber das Gericht individuellen Charakter trägt, kann es nicht nur in der allen Verdammten gemeinsamen poena damni, der Unseligkeit des Ausschlusses aus der Gemeinschaft mit dem heiligen Gott oder aus der Gottesschau, bestehen, sondern muß auch die Verschiedenheit der Schuld berücksichtigen. Diese poena sensus als das über den Ausschluß hinausgehende Strafmoment wird in Bibel und Tradition mit dem Feuer zum Ausdruck gebracht... Letztlich lassen sich die beiden Strafarten aus dem Wesen der Sünde erklären: Die aversio a Deo führt zum Verlust der beseligenden Gottesanschauung, und die conversio ad crea-

turam zieht die Verwundung durch die Geschöpfe nach sich, die den Verdammten umso mehr enttäuschen und peinigen, je mehr er ausschließlich von ihnen die Erfüllung erwartet hat und weiter erwartet..."[137]

Außerdem darf nicht übersehen werden, daß der aufgrund schwerer und unbereuter persönlicher Schuld Verdammte seine Gottesferne unaufhörlich als einen furchtbaren Verlust empfindet, weil ihm vom Schöpfer und Erlöser gezeigt wurde, was ihm durch seine Boshaftigkeit und seinen verstockten Willen auf ewig entgeht. Nichts davon trifft auf die Kinder im Limbus zu!

Pater Cantalamessa trug in einem einzigen Satz seiner späteren Stellungnahme zur Homilie in verdichteter Weise eine Reihe weiterer Argumente vor, die allesamt noch kurz zu behandeln sind. Wir zitieren daher zunächst jenen Satz wörtlich: „Die Lehre vom Limbus ist nie von der Kirche als Dogma definiert worden; es war eine theologische Hypothese, die in hohem Maße von der Erbsündenlehre des hl. Augustinus abhängig war, sie wurde vor langer Zeit in der Praxis aufgegeben, und auch die Theologie läßt sie jetzt fallen."

Nicht jede Glaubenswahrheit muß definiert sein!

Hier ist einiges zurechtzurücken. Zum einen: Seit wann ist nur das zu glauben, was dogmatisch endgültig fixiert wurde, auch wenn es der ständigen, anfänglich impliziten, dann expliziten Lehre der Kirche entspricht? Noch Papst Pius XII. verurteilte einen solchen Minimalismus in seiner Enzyklika „Humani generis" (DH 3885). Der 2005 verstorbene Papst Johannes Paul II. unterschied in seinem Apostolischen Schreiben "Ad tuendam fidem" des Jahres 1998 – ähnlich wie es bereits im Jahre 1989 bei der „Professio fidei" geschehen war, jenem Glaubensbekenntnis, das im Auftrag der Kirche Lehrende abzulegen haben - drei verschiedene Ebenen von kirchlichen Lehrentscheidungen. Uns interessiert hier vor allem die zweite: "Mit Festigkeit erkenne ich auch an und halte an allem und jedem fest, was bezüglich der Lehre des Glaubens und der Sitten vom Lehramt der Kirche endgültig vorgelegt wird." Neben einer ersten Klasse von Lehraussagen, die formal von Gott geoffenbart und als solche vom Außerordentlichen

[137] Anton Ziegenaus, Die Zukunft der Schöpfung in Gott – Eschatologie, Katholische Dogmatik, hg. von Leo Scheffczyk und Anton Ziegenaus, Bd. VIII, Aachen 1996, 213 f.

oder vom ständigen Ordentlichen Lehramt der Kirche als absolut für den Glauben verpflichtend ausgewiesen sind, und einer dritten Kategorie, die nur ein „religiosum intellectus et voluntatis obsequium" („religiösen Verstandes - und Willensgehorsam"), also nicht den „fidei assensus" („Glaubenszustimmung") vom Gläubigen verlangt[138], ließ Johannes Paul II. jene zweite Kategorie ergänzend in den *Codex iuris canonici* vom Jahre 1983 unter Canon 750 eingliedern. Es gibt also unwiderrufliche („irreformable", so sagen die Theologen) Aussagen auch dann, wenn keine feierliche Definition vorliegt, weil die Lehrsätze sich, obgleich sie nicht formal göttlich offenbart sein müssen, zwingend aus der Hl. Schrift und der kirchlichen Tradition ergeben und stets von der Kirche so verteidigt worden sind. Diese zweite Kategorie kannte übrigens auch schon, ohne eine derartige formale Einteilung vorzunehmen, das I. Vatikanum[139], es liegt hier also keineswegs eine Neuerung vor, obgleich dies ständig von progressiven Kräften behauptet wird.[140] Als Beispiel für eine solche Entscheidung nannte Kardinal Ratzinger 1998 in seinem Kommentar zum Text des Papstes z. B. die ausschließliche Zulassung von Männern zum Pries-

[138] Diese letztere Bestimmung zu kennen ist für traditionsverbundene Katholiken nicht ohne Belang. Denn nur diese und keine höhere Kategorie kann (allenfalls!) für manche Entscheidungen des kirchlichen Lehramtes in Anspruch genommen werden, die in den letzten Jahrzehnten ergangen sind und deutlich in Widerspruch zu früheren Aussagen des Magisteriums zu stehen scheinen. Bei all diesen Fragen darf man eben nie vergessen, daß sich, was das II. Vatikanum angeht, die Kirchenversammlung als *Pastoralkonzil* verortet hat. Dabei ist die theologische Tragweite dieses Begriffs und einer derartigen Allgemeinen Synode überhaupt noch nicht endgültig geklärt, weder wissenschaftlich noch lehramtlich. Außerdem darf nicht übersehen werden, daß gerade die besonders heftig diskutierten Dokumente *Unitatis redintegratio* zum Ökumenismus und *Dignitatis humanae* zur Religionsfreiheit als „Dekret" (Decretum") bzw. „Erklärung" (Declaratio") eingestuft wurden, also einen dogmatisch ausgesprochen niedrigen Rang einnehmen. Dasselbe gilt für *Nostra aetate*, jene weitere „Declaratio", die sich mit den nichtchristlichen Religionen beschäftigt und die ebenfalls viele Diskussionen ausgelöst hat. Die genannten, oft nicht ausreichend gewürdigten Aspekte hat der katholische Priester Florin Kolfhaus in einer preisgekrönten, in Rom angefertigten Doktordissertation wissenschaftlich untersucht und intensiv beleuchtet: Pastorale Lehrverkündigung - Grundmotiv des Zweiten Vatikanischen Konzils. Untersuchungen zu „Unitatis redintegratio", „Dignitatis humanae" und „Nostra aetate", Berlin 2010. Die Arbeit ist innerhalb einer neuen Reihe erschienen, in der herausragende, in Rom verfaßte Doktorarbeiten vorgestellt werden; sie trägt den Titel: Theologia Mundi ex Urbe. Zu Stärken und (kleineren) Schwächen der Arbeit siehe die Rezension von Alexander Desečar, UVK 40/2010, 97-100.

[139] DH 3011

[140] Giovanni B. Sala weist sie zurecht (Die Neufassung der „Professio fidei" und die Frage nach den von der Kirche „definitiv" vorgelegten Lehren, in: Kontroverse Theologie - Ausgewählte theologische Schriften, Bonn 2005, 263).

teramt.[141] Es erhebt sich die Frage, ob nicht die aufgestellten Kriterien auch auf die Lehre vom „Limbus puerorum" zutreffen, obgleich ja der neue vatikanische Text der Internationalen Theologenkommission das Gegenteil behauptet. Zumindest ist die Existenz jenes Ortes so tief in der traditionellen Erbsünden- und Gnadenlehre der Kirche verankert, daß es schwerfällt, nachzuvollziehen, wie diese plötzlich offiziell darauf verzichten soll.

Der „Limbus" - konsequente Folge der katholischen Erbsündenlehre

Von einer reinen „Hypothese", wie sich P. Cantalamessa auszudrücken beliebte, kann also, wie wir gesehen haben, überhaupt keine Rede sein. Der päpstliche Hausprediger betonte, die Annahme des Limbus sei stark von der Erbsündenlehre des hl. Augustinus abhängig. Gilt diese nun heute etwa nicht mehr? Denn nur dann wäre es ja vertretbar, auch auf deren Konsequenz zu verzichten, die sich anscheinend doch zwangsläufig aus ihr ergibt; sonst hätte Cantalamessa ja nach aller Wahrscheinlichkeit seine Ablehnung der Limbus-Lehre anders begründet. Man muß den Theologen wohl daran erinnern, daß der Kern der Augustinischen Erbsünden- und Gnadenlehre mehrfach als offizielle Doktrin der Kirche bestätig worden ist.[142] Man

---

141 Lehrmäßiger Kommentar der Glaubenskongregation zur Schlußformel der "Professio fidei" für kirchlich beauftragte Lehre und Hüter des Glaubens, Nr. 11, Deutsche Tagespost vom 2.7.1998, 5 f.; siehe auch den Abdruck des Apostolischen Schreibens "Ad tuendam fidem" sowie des genannten Kommentars in "30 Tage" 16,8/1998, 48-57. Der lateinische Originaltext ist, soweit er unsere Fragestellung betrifft, übernommen worden in: Vox Latina 34,134/1998, 563-567.

142 Damit soll nicht geleugnet werden, daß die eine oder andere Formulierung des hl. Augustinus von der späteren Theologie nicht übernommen wurde. Siehe Manfred Hauke, Heilsverlust in Adam. Stationen griechischer Erbsündenlehre: Irenäus – Origenes – Kappadozier, Paderborn 1993, 728. Zur Erbsünden- und Gnadenlehre des hl. Augustinus immer noch wichtig sind die ausführlichen Darlegungen im Artikel „Augustin (S.)" des DTC I/2/1923, 2268-2472; der gelehrte Verfasser versteht es aufzuzeigen, daß, abgesehen von einzelnen, nur aus einer bestimmten Kampfsituation gegenüber den Pelagianern heraus zu verstehenden verbalen Überbetonungen, der „Doctor gratiae" nie die katholische Wahrheit auf diesem entscheidenden Gebiet verlassen hat. Um es mit einer Formulierung Otto Zwierleins zu sagen, der die Aussage einschlägiger Artikel des Augustinuslexikons so zusammenfaßte: „Göttliche Providenz schließt die Verantwortlichkeit des Menschen für sein eigenes Tun nicht aus" (Hippolytos und Phaidra: Von Euripides bis D'Annunzio, Anhang: Materialien zum Jansenismus: Augustins Theodizee und Jansenius' *Augustinus*, Nordrhein-Westfälische Akademie der Wissenschaften, Vorträge G 405, Paderborn 2006, 56). Zu Recht urteilte Basil Studer, wahrlich nicht der letzte unter den Augustinuskennern, der von E. Portalié verfaßte Lexikon-Artikel zu Augustinus sei „noch immer sehr hilfreich"

darf hier beispielsweise nur, wenn man sich auf ganz frühe Zeugnisse beschränken will, an die Beschlüsse der Synode von Karthago aus dem Jahre 418 (DH 222-230) und der Synode von Orange im Jahre 529 (DH 371-395) oder an den pseudo-coelestinischen „Indiculus" (DH 237-249) erinnern, der vielleicht zwischen 435 und 442 in Rom durch Prosper Aquitanus zusammengestellt worden war, aber später allgemeine Geltung erlangte.[143] Ja sogar das 3. Ökumenische Konzil (Ephesus, 431) verurteilte die Gegenlehre, den Pelagianismus (DH 267 f.), was nicht ohne Bedeutung für das Verhältnis der römisch-katholischen Kirche zur östlichen Christenheit ist.[144]

Man ist verwundert, in dem Dokument der Internationalen Theologenkommission mit Berufung auf unhaltbare Positionen eines

---

(Augustinus, *De Trinitate* - Eine Einführung, Paderborn 2005, 32 f.). Warum wird er dann heute kaum noch herangezogen? Vielleicht weil er „zu katholisch" ist? Warum kennt heute so gut wie kein examinierter katholischer Theologe mehr jenes so wunderbare Werk katholischer (und französischer!) Gelehrsamkeit, wie es das *Dictionnaire de Théologie Catholique* insgesamt darstellt? Ich habe mich selbst mehrfach von diesem Mißstand überzeugen können, oder sagen wir lieber, überzeugen müssen. Liegt es wirklich nur an der französischen Sprache, wie mir oft erwidert wurde? Aber dann müßten ja beispielsweise noch die profunden Werke des rheinischen Theologen Matthias Joseph Scheeben, z. B. zur Gnadenlehre, bekannt sein - wenigstens in Bonn. Aber auch hier meistens Fehlanzeige!

Verf. dieser Zeilen hat übrigens selbst den hl. Augustinus gegen den immer wieder fälschlich erhobenen Vorwurf zu verteidigen versucht, er habe in seinen letzten Lebensjahren eine göttliche Prädestination des ewigen Schicksals der Menschen ohne deren willentliche Mitwirkung vertreten: Sanctus Augustinus faveritne naturae profanae vel laicae civitatum. De necessitudine civitatis et religionis, naturae et gratiae quid senserit sanctus Augustinus, in: Alexander Pytlik (Hrsg.), AD VERBUM - Festschrift für Heinrich Reinhardt zum 60. Geburtstag, Lindenberg 2009, 163-196, v. a. 171-175. Ebensowenig ist es richtig - und diese Frage hängt natürlich mit der nach der Prädestination eng zusammen - dem Bischof von Hippo zu unterstellen, er habe in späteren Jahren den universalen Heilswillen Gottes geleugnet. Leider findet man diesen Vorwurf auch wieder im Text der Theologenkommission zum Limbus (Nr. 18 mit Fußnote 38; Nr. 33; 91), St. Augustinus soll hiermit offenbar als Lehrer der Erbsünde und seiner Konsequenz, des Limbus puerorum, diskreditiert werden; Manfred Hauke hat jedoch - u. a. mit Berufung auf eine wichtige Arbeit von Agostino Trapé - hierzu das Nötige gesagt (Abschied vom Limbus? 262).

[143] Vgl. die Einführung in den Text auf Seite 113 bei Denzinger-Hünermann.

[144] Hauke machte mit Recht hierauf und auf weitere Gemeinsamkeiten zur Erbsündenlehre aufmerksam (Heilsverlust in Adam, z. B. 46). Von großer Tragweite ist folgende Bemerkung des Autors, und zwar gerade mit Blick darauf, daß künftig gemäß dem Willen Papst Benedikts XVI. der Dialog mit den von Rom getrennten Christen des Ostens vertieft werden soll: „Sehr zu begrüßen ist die zunehmende Forderung orthodoxer Theologen, die Lehre des hl. Augustinus intensiver als bisher zu studieren. Die Gemeinsamkeiten mit der griechischen Überlieferung würden deutlicher zutage treten und manche Mißverständnisse korrigiert werden, die oft auf einer Verwechslung genuin augustinischer Gedanken mit deren protestantischer Umformung beruhen" (Heilsverlust in Adam, 728).

amerikanischen orthodoxen Theologen lesen zu müssen: „Das Konzept eines Erbes von Sünde oder Schuld – allgemein in der westlichen Überlieferung – war dieser Perspektive [nämlich der der griechischen Väter] fremd, da in deren Sicht Sünde nur ein freier personaler Akt sein konnte" (Nr. 11) Manfred Hauke rückte diesen Irrtum zurecht: „Diese Behauptung ist so nicht richtig. Es gibt auch in der östlichen Tradition analoge Ausdrucksweisen zu dem, was seit Augustinus im Westen mit aller Klarheit als Erbsünde gekennzeichnet wird[145]: die Sünde Adams verursacht für dessen Nachkommen etwa den geistlichen Tod und die Entfremdung von Gott. Auf dem Zweiten Trullanum (691/692) nimmt die byzantinische Kirche auch die Lehre der nordafrikanischen Synode von Karthago (418) auf, wonach die Taufe für die Kinder die Erbsünde tilgt. Vergleichbare Aussagen finden sich auch schon vorher in der griechischen Überlieferung[146]. Selbst wenn die griechische Kirche nicht die Klarheit des Westens erreicht, so wird doch auch hier betont, dass Adam allen seinen Nachkommen den Zugang zur himmlischen Herrlichkeit verschlossen hat und dass darum die Kinder in Lebensgefahr zu taufen sind."[147]

Hatte nicht gerade St. Augustinus, den man heute ständig in die Nähe eines „Neuerers", eines „Kainotómos", rückt (was bei den Kirchenvätern so viel bedeutet wie „Häretiker"), bei aller genialen Systematisierung, die er in die offenbarte, vor allem in den Paulusbriefen aufbewahrte Erbsündenlehre brachte, zu Recht immer wieder seine Abhängigkeit von älteren Theologen im Kampf gegen die Pelagianer betont? Man lese vor allem die Bücher I und II seines umfangreichen Werkes „Contra Iulianum libri VI", das mittlerweile in einer zweisprachigen Ausgabe mit der ersten deutschen[148], sorgfältigen Übersetzung erscheinen ist, die Pfarrer Rochus Habitzky in jah-

[145] Man vergleiche beispielsweise folgenden Satz aus einem modernen orthodoxen Lehrbuch (Original in Neugriechisch, eigene Übersetzung): „Mit dem dreifachen Hinabtauchen in das geheiligte Wasser im Namen der Heiligen Dreifaltigkeit wird der Täufling von der Sünde der Vorväter (apo tin propatoriki amartia) gereinigt. Zugleich wird er geistig neugeboren und zu einem Gotteskind." (Archimandrit Kallistratos N. Lirakis, I orthodoxia os liturgiki paradosi, Athen 1990, 31; der Titel bedeutet übrigens: „Die Orthodoxie als liturgische Tradition [sic!]")

[146] Hierzu verweist Hauke in einer Fußnote auf Literatur, die er selbst verfaßt hat.

[147] M. Hauke, Abschied vom Limbus? 261 f.

[148] Siehe Wilhelm Geerlings, Augustinus – Leben und Werk. Eine bibliographische Einführung, Paderborn 2002, 114.

relanger Arbeit angefertigt hat![149] Der bekannte Dogmatiker Ludwig Ott, über den frühere Theologengenerationen gerne schmunzelnd sagten „Mit Ott (und Schott) ganz flott zu Gott“, schreibt zu Recht: „Augustinus führt in der Schrift Contra Julianum (L. I u. II) bereits einen förmlichen Traditionsbeweis[150], worin er Irenäus, Cyprian, Reticius von Autun, Olympius, Hilarius, Ambrosius, Innozenz I., Gregor von Nazianz, Johannes Chrysostomus, Basilius und Hieronymus als Zeugen der katholischen Lehre anführt.“[151]

Mangelnde Unterscheidung von Natur und Gnade

Wenn 50 Jahre, nämlich die Zeit seit Pius XII., für Cantalemessa, um sein letztes Argument zu würdigen, eine lange Periode sind, dann mag er sagen, die „Hypothese“ vom „Limbus“ „was abandoned in practice long ago“. In Wahrheit ist aber die Kategorie der Zeit hier völlig fehl am Platze. Vielmehr hat eben in der Theologie ein „Paradigmenwechsel“ stattgefunden, wie man sich heute mit Thomas S. Kuhn ausdrücken würde. Man hat nicht etwa eine schwach begründete „Hypothese“ praktisch im Laufe der Jahre vergessen, wie Cantalamessa gewissermaßen suggeriert, sondern eine kirchliche Lehre gezielt auszuhebeln versucht, weil man, geprägt von der „Neuen Theologie“, in der Gnaden - und Heilslehre einen ganz anderen Weg eingeschlagen hat, ohne den eben der Ökumenismus mit anderen christlichen Denominationen und (im weiteren Sinne) mit anderen Religionen des Fundamentes entbehren würde. So erstaunt es auch

---

[149] Aurelius Augustinus, Schriften gegen die Pelagianer Bd. IV,1, Lateinisch-Deutsch. Gegen Julian VI Bücher, Text und Übersetzung. Übertragen von Rochus Habitzky, bearbeitet und herausgegeben von Thomas Gerhard Ring OSA, Würzburg 2005. Auf S. 14 werden die Sprachen angeführt, in denen schon moderne Übersetzungen existieren.

[150] Einige wichtige Stimmen aus der Tradition der Kirche zur Erbsünde vor Auftreten des Pelagianismus findet man zusammengestellt bei Johannes Brinktrine, Die Lehre der Schöpfung, Paderborn 1956, 322 f. Der hochgebildete und tieffromme Paderborner Dogmatiker und Liturgiewissenschaftler wurde noch vor wenigen Jahren in einem auch wegen seiner übrigen Beiträge wertvollen Sammelband von David Berger angemessen gewürdigt (In der Schule des hl. Thomas von Aquin - Studien zur Geschichte des Thomismus, Bonn 2005, 349-362). Berger verschwieg dabei nicht die tiefe Enttäuschung des Gelehrten über den Verlauf des II. Vatikanums (a. O. 358-360).

[151] Ludwig Ott, Grundriß der Dogmatik, 11. Auflage, Bonn 2005, 172. Man kann dem Verlag *nova et vetera* nur danken, daß er dieses hervorragende Standardwerk, das vor allem für eine erste Orientierung unübertroffen ist, wieder herausgegeben hat. Durch die Nachträge neuerer Literatur zu den einzelnen Kapiteln hat das Buch auch an aktuellem wissenschaftlichen Wert gewonnen.

gar nicht, daß sich Cantalamessa auf den sog. „Weltkatechismus" beruft, der in der Tat, wenn auch etwas zurückhaltender, in Nr. 1261 den neuen Kurs verfolgt: „Das große Erbarmen Gottes, der will, daß alle Menschen gerettet werden (vgl. 1 Tim 2,4), und die zärtliche Liebe Jesu zu den Kindern, die ihn sagen läßt: ‚Laßt die Kinder zu mir kommen; hindert sie nicht daran!' (Mk 10,14), berechtigen uns zu der Hoffnung, daß es für die ohne Taufe gestorbenen Kinder einen Heilsweg gibt." Auch die Internationale Theologenkommission beruft sich auf diese Aussage (Nr. 101). Außerdem argumentiert sie mit dem neuen Begräbnisritus für ungetaufte Kleinkinder, wo einer ähnlichen Hoffnung Ausdruck verliehen wird (Nr. 100). Aber das sind alles nicht gerade sehr alte „Traditionsbeweise"!

Die angeführte Aussage des „Katechismus der Katholischen Kirche", die die Möglichkeit eines Heilsweges andeutet, wo diese eigentlich gar nicht besteht, spricht letztlich nicht gegen die traditionelle Lehre vom „limbus puerorum", sondern gegen den Katechismus – zumal er 1 Tim 2,4 verkürzt anführt, jene Stelle, an der sich der universale Heilswille Gottes manifestiert! Hier wird derselbe Fehler begangen, wie er schon auf dem letzten Konzil festzustellen ist (siehe *Lumen gentium 16)*. Denn in Wirklichkeit geht der Satz weiter: „und zur Erkenntnis der Wahrheit gelangen"; so wird auch in der Oration der traditionellen Votivmesse für die Ausbreitung des Glaubens gebetet. Und worin diese Wahrheit konkret liegt, sagt dann der sich unmittelbar anschließende Vers unmißverständlich: „Denn es gibt nur einen Gott und nur einen Mittler zwischen Gott und den Menschen, nämlich den Menschen Christus Jesus, der sich selbst als Lösegeld für alle dahingegeben hat, das Zeugnis zur rechten Zeit." (1 Tim 2,5) Wie soll es nun anders sein, als daß auch Pater Cantalamessa selbst, und zwar sowohl in der Predigt als auch in der späteren Rechtfertigung seiner Ausführungen, für seine These von der glückseligen Schau der ungetauften Kleinstkinder wieder auf den universalen Heilswillen Gottes nach 1 Tim 2,4 zurückgreift! Und selbstverständlich geschieht das, wie in der modernen Theologie gängig, in der Form, daß er genau wie *LG* 16 das Zitat aus dem Paulusbrief um das zweite Kolon des Satzes verkürzt, der doch in Wahrheit sowohl syntaktisch als auch inhaltlich als Einheit gesehen werden muß.

Außerdem ist beim allgemeinen Heilswillen Gottes unbedingt die Annahme der Gnade durch den Menschen zu beachten. So betont auch die Internationale Theologenkommission (z. B. in Nr. 43-52) zwar ständig diese universale Heilsabsicht Gottes, die erst das II. Vatikanum so richtig entdeckt haben soll (siehe aber oben unsere Anmerkung 122!). Aber die Abhandlung unterscheidet wieder nicht zwischen der *voluntas antecedens*, dem einer Entscheidung des Menschen vorausgehenden Heilswillen Gottes, und der *voluntas consequens*, dem göttlichen Willen, der das Votum des Menschen, also gegebenenfalls auch die Zurückweisung des Erlösungsangebotes, respektiert. Manfred Hauke hat auf diese (bewußte?) Unterlassung hingewiesen. Außerdem betonte der Dogmatiker mit Recht, daß eine andere wichtige Position der Kirche auch wieder im Dokument des Vatikans fehlt: nämlich die schon erwähnte Lehre vom *votum implicitum,* von der Bereitschaft auch eines Nichtchristen, in allem den Willen Gottes (soweit er ihm bekannt ist) zu erfüllen, wodurch schon nach dem hl. Thomas die Erbsünde getilgt werden kann (S. th. I-II q. 89 a. 6).[152] Daß dieser wichtige Aspekt übergangen wird, verwundert nicht: Denn jene traditionelle Lehre löst viele Fragen um das Heil der formal und äußerlich nicht zur katholischen Kirche gehörenden Menschen, begrenzt aber naturgegeben die Zahl der tatsächlich Geretteten, was der modernen allgemeinen Heilseuphorie zuwiderläuft. Daß die Internationale Theologenkommission diese *einschlußweise* Begierdetaufe gar nicht erwähnt, ist umso auffälliger, als sie die Möglichkeit des votum *explicitum,* also des *ausdrücklichen* Wunsches, getauft zu werden - neben der sog. Bluttaufe der Martyrer - sehr wohl expressis verbis anführt und sich hierfür sogar auf den hl. Thomas von Aquin (S. th. III q. 68, art. 2, *corpus*) stützt (Nr. 66 mit Anm. 95).

Eine klare Aussage der deutschen Bischöfe

Wer an unserer Interpretation noch zweifelt, daß die moderne Antwort auf die Frage nach dem *Limbus puerorum* eng mit der neuen Lehre von der Erbsünde und der neuen Gnadenlehre zusammenhängt, der möge einen Blick werfen in die „Arbeitshilfe der Pastoralkommission und der Kommission Ehe und Familie“ vom 25./26. April 1993 (ADBK 109, Bonn 1993, 53). Dort erklärten die deutschen Bischöfe: „Wenn in Notfällen auch ohne Zustimmung der Eltern getauft wurde, wenn in der Vergangenheit auch Föten getauft wurden, so

[152] M. Hauke, Abschied vom Limbus? 263

stand dahinter das Anliegen der Kirche, den ‚sicheren Weg' zu gehen (im Sinne des Tutiorismus). Daß damit die Gefahr verbunden sein konnte, einem magischen Sakramentenverständnis Vorschub zu leisten, darf nicht übersehen werden. Demgegenüber ist darauf hinzuweisen: Wer sich der Gnade Gottes nicht widersetzt, kann aus ihr nicht herausfallen." Hier wird also das, was Pius XII. den katholischen Hebammen ausdrücklich anordnete, in die Nähe eines „magischen Sakramentenverständnisses" gerückt und in unverantwortlicher Weise damit indirekt geradezu von der Nottaufe abgeraten – man sieht also, welche Entwicklung mittlerweile der allgemeine Heilsoptimismus genommen hat. Jeder Mensch ist demnach auch ohne Taufe von vornherein von Gott begnadet, also ein Gotteskind, die „similitudo Dei" ist ihm von Anfang an eigen, so daß er im Falle des Todes zur Anschauung Gottes gelangt. Erinnern wir uns daran, daß die ursprüngliche Fassung der Enzyklika „Evangelium vitae" Papst Johannes Pauls II. in dieser Hinsicht ähnliches verkündet hatte!

Zwischen solchen Erklärungen und dem noch sehr vorsichtigen Ansatz des Theologen Winklhofer aus dem Jahre 1956, der prinzipiell die Heilsnotwendigkeit der Taufe für die Neugeborenen nicht in Abrede stellte, liegen Welten! Mit ihrer Stellungnahme leugnet die Deutsche Bischofskonferenz de facto die Lehre von der Erbsünde, jedenfalls so wie sie die Kirche immer verstanden hat, wenn man sich zuvor auch prinzipiell noch zur „erbsündlich-unheilen Menschheit" (a. O. 52) bekennt, und verharmlost die Wirkung jener Ursünde, nämlich die prinzipielle Trennung aller Menschen von Gott. Nach diesem neuen Verständnis kann die Kleinkindertaufe also nur den Sinn erfüllen, etwas durch ein äußerliches Zeichen zu manifestieren, was eigentlich längst Realität ist. Und genau das sagen die beiden bischöflichen Kommissionen auch in ihrem gemeinsamen Papier – wenngleich in jener verschleierten Sprache, die modernen Theologen eigen ist: „Wo, wie im Falle der Säuglingstaufe, die Bedingungen zum Heranreifen der Glaubensentscheidung gegeben sind, ist die Feier des Sakraments als Zeichen des göttlichen Heilswillens und als Feier des Glaubens und der Kirche sinnvoll" (a. O. 53). Die Kleinkindertaufe hatte man darüber hinaus zuvor schon abgewertet, indem man sie in höchst geschickter Manier als „theologisch gesehen einen Sonderfall" bezeichnete, da der Taufbewerber noch nicht seinem Glauben „Ausdruck verleihen kann". Frage an die Deutsche Bischofskonferenz: Glaubt der Säugling denn schon selbst, kann nur den

Glauben noch nicht adäquat formulieren? Auch hier liegt einiges, mindestens in der Formulierung, im argen!
Hintergrund der ganzen anstößigen Ausführungen ist die vom II. Vatikanum initiierte Veränderung der Lehre vom Heil. Es verwundert nicht, daß man sich von seiten der Bischofskonferenz in dem Kapitel „Universaler Heilswille Gottes und die Heilsnotwendigkeit der Kirche" ständig auf das letzte Konzil beruft (a. O. 49-53). Komprimiert greifen kann man die traditionswidrige Position der Arbeitshilfe in folgendem Satz: „Im Blick auf die Nichtchristen hat das II. Vatikanische Konzil ausgeführt, daß jeder, der Gott sucht und seinem Gewissen entsprechend zu leben versucht, darin die Gnade Gottes erfahren und sein Heil erlangen kann." *Suche* und *Versuch* reichen also anscheinend schon aus, nicht einmal ein gewisses Finden und ein gewisser Erfolg des Bemühens scheinen mehr nötig zu sein, Lessing mit seiner berühmten Bevorzugung der Suche nach der Wahrheit vor der Wahrheit selbst läßt grüßen![153] Unter Papst Pius XII. hatte das Hl. Offizium dem Bischof von Boston im Jahre 1949 noch ganz andere Bedingungen für das Heil derjenigen, die nicht die Wassertaufe empfangen haben, genannt: „Es wird nämlich verlangt, daß der Wunsch (gemeint ist der einschlußweise, inbegriffene Wunsch, das ‚votum implicitum', also kein ausdrücklich vorliegender, wie bei den Katechumenen; H-L B), mit dem sich einer der Kir-

[153] „Wenn Gott in seiner Rechten alle Wahrheit, und in seiner Linken den einzigen immer regen Trieb nach Wahrheit, obschon mit dem Zusatze, mich immer und ewig zu irren, verschlossen hielte, und spräche zu mir: wähle! Ich fiele ihm mit Demut in seine Linke, und sagte: Vater gib! die reine Wahrheit ist ja doch nur für dich allein!" (Theologiekritische Schriften III, Eine Duplik I, Gotthold Ephraim Lessing, Werke, 8. Bd., Hanser-Verlag 1979, Lizenzausgabe Darmstadt 1996, 33). Daß hier aufrechte Demut vorliegt, darf bezweifelt werden. Es ist ja in Wirklichkeit sehr praktisch, angeblich über die Wahrheit nichts Definitives aussagen zu können. So braucht man sich, wenn die eigene Position konsequent gehandhabt wird, „in Gedanken, Worten und Werken" an keinerlei in der Transzendenz fixierte verbindliche Normen gebunden zu fühlen.

Reinhold Schneider schrieb hierzu: „Die verhängnivolle Wahl wird in ‚Demut' getroffen und ist doch eine Art demütiger Vermessenheit ... Wie ist es möglich, daß das Suche nach einer Sache einen höheren Wert verleihen könnte, als der Besitz dieser Sache selbst, gesetzt, daß es sich wirklich um die edelste Sache, das höchste Gut handelt?" Schneider ordnet solche Personen zu Recht jenen Menschen zu, „die immer lernen und nie zur Erkenntnis der Wahrheit gelangen können", wie der hl. Paulus klagt (II Tim. 3.7). Diese Sätze finden sich in Schneiders kleinem Werk „Die Heimkehr des deutschen Geistes" (Baden-Baden 1946), 18-20, in dem der Schriftsteller bemerkenswerte Gedanken zur folgenreichen Entfernung deutscher Aufklärungsphilosophen wie Lessing, Kant, Fichte, Hegel, Schelling und Nietzsche von der christlichen Offenbarung entwickelt.

che zuwendet, durch vollkommene Liebe (lateinisch: perfecta caritate) geformt werde; der inbegriffene Wunsch kann auch keine Wirkung haben, wenn der Mensch keinen übernatürlichen Glauben hat (lateinisch: nisi homo fidem habeat supernaturalem).“ (DH 3872) Der Text der Bischofskonferenz aus dem Jahre 1993 fährt nun seinerseits fort: „Nur wer bereits zum Glauben gekommen ist, an diesem aber nicht festhält oder ihm in seinem Lebensvollzug nicht entspricht, gefährdet sein ewiges Heil.“ (a. O. 52) Da scheint es uns Christen ja, was unsere Heilschancen angeht, beinahe schlechter als den Irr- und Ungläubigen zu gehen!

Wachsam sein!

Besteht nach allem, was wir dargelegt haben, nicht die immense Gefahr, daß durch die Diskussionen der letzten Jahre nicht etwa die ständige Doktrin der Kirche ernstgenommen und abermals verkündet, ja vielleicht sogar noch tiefer verstanden wird, sondern daß man eine ganz neue Lehre auf den Weg bringt, die „den Ohren kitzelt“ (vgl. 2 Tim 4,3)? Natürlich kann kein Mensch bestreiten, daß wir beim Schicksal der ungetauften Kleinstkinder (sei es Geborener oder Ungeborener) vor einer besonderen Herausforderung an unser Vertrauen in Gottes Gerechtigkeit und Güte stehen. Und sicherlich muß man Betroffenen gegenüber mit Fingerspitzengefühl, Zuneigung und christlicher Liebe die Wahrheit vortragen. So wäre, wie schon betont, immer wieder daran zu erinnern, daß der *Limbus puerorum* keinerlei Qualen kennt, wie sie der Hölle eigen sind, sondern eben doch eine gewisse natürliche Seligkeit mit sich bringt. Beim Verhalten unserer Frage gegenüber muß man sich jedenfalls allgemein daran erinnern, daß das Christentum keine Gefühlsreligion ist, wie sich das manche Romantiker vorgestellt haben und heute noch vorstellen: Sentimentalismus ist wahrlich nicht der Stoff, aus dem die Dogmen sind!